BEI GRIN MACHT SICH IH WISSEN BEZAHLT

- Wir veröffentlichen Ihre Hausarbeit, Bachelor- und Masterarbeit

- Ihr eigenes eBook und Buch - weltweit in allen wichtigen Shops

- Verdienen Sie an jedem Verkauf

Jetzt bei www.GRIN.com hochladen und kostenlos publizieren

Carmen Schrader

Geistig behinderte Menschen wünschen sich auch Kinder

Untersuchung des Spannungsverhältnisses von Sozialer Arbeit und den rechtlichen Rahmenbedingungen bei Kinderwunsch von Menschen mit geistiger Behinderung

GRIN Verlag

Bibliografische Information der Deutschen Nationalbibliothek:

Die Deutsche Bibliothek verzeichnet diese Publikation in der Deutschen National-
bibliografie; detaillierte bibliografische Daten sind im Internet über http://dnb.d-
nb.de/ abrufbar.

Impressum:

Copyright © 2012 GRIN Verlag GmbH
Druck und Bindung: Books on Demand GmbH, Norderstedt Germany
ISBN: 978-3-656-29416-0

Dieses Buch bei GRIN:

http://www.grin.com/de/e-book/202017/geistig-behinderte-menschen-wuenschen-
sich-auch-kinder

GRIN - Your knowledge has value

Der GRIN Verlag publiziert seit 1998 wissenschaftliche Arbeiten von Studenten, Hochschullehrern und anderen Akademikern als eBook und gedrucktes Buch. Die Verlagswebsite www.grin.com ist die ideale Plattform zur Veröffentlichung von Hausarbeiten, Abschlussarbeiten, wissenschaftlichen Aufsätzen, Dissertationen und Fachbüchern.

HAWK
Fachhochschule Hildesheim/ Holzminden/ Göttingen

Fakultät M – Management, Soziale Arbeit, Bauen
Studiengang BA Soziale Arbeit

Bachelorthesis

Untersuchung des Spannungsverhältnisses von Sozialer Arbeit und den rechtlichen Rahmenbedingungen bei Kinderwunsch von Menschen mit geistiger Behinderung

Autorin:
Carmen Schrader

Datum der Abgabe: 12.07.2012

Inhaltsverzeichnis

Abkürzungsverzeichnis

BAG: „Begleitete Elternschaft"............Die Bundesarbeitsgemeinschaft „Begleitete Elternschaft"

BGB...........Bürgerliches Gesetzbuch

BTG...........Betreuungsgesetz

CRC............Convention on the Rights of the Child; Übereinkommen über die Rechte des Kindes; UN-Kinderrechtskonvention

EMRK.........Europäische Menschenrechtskonvention; Konvention zum Schutze der Menschenrechte und Grundfreiheiten

GG..............Grundgesetz der Bundesrepublik Deutschland

SGB...........Sozialgesetzbuch/ Sozialgesetzbücher

SPFH.........Sozialpädagogische Familienhilfe

UN-BRK.......Übereinkommen der Vereinten Nationen über die Rechte von Menschen mit Behinderung; UN-Behindertenrechtskonvention

Bachelorthesis

Untersuchung des Spannungsverhältnisses von Sozialer Arbeit und den rechtlichen Rahmenbedingungen bei Kinderwunsch von Menschen mit geistiger Behinderung

1 Einleitung

> *„Frauen mit geistiger Behinderung müssen sich oft rechtfertigen, wenn sie sich ein Kind wünschen."*[1]

Ein gesellschaftliches Umdenken über Sexualität und Behinderung lässt sich in den letzten Jahrzehnten vermerken, dennoch wird der Aspekt der Elternschaft nicht mitgedacht und gilt so weiter als erniedrigend für Menschen mit Behinderung.[2] ,Normale' Frauen müssen sich rechtfertigen, weshalb sie keine Kinder bekommen möchten – und wie schon im einleitenden Zitat aufgeführt, müssen sich Frauen mit einer Behinderung rechtfertigen, weshalb sie sich Kinder wünschen.[3]

Menschen mit geistiger Behinderung[4] orientieren sich in ihrer Lebensweise zunehmend an der Normalität. Dementsprechend äußern sie den Wunsch nach einer ,normalen' Familie, die in der gegenwärtigen Gesellschaft aus Vater, Mutter und Kind beziehungsweise[5] Kindern besteht.[6] Die beiden Autorinnen Hennies und Sasse verstärken diese Aussage in ihrer Literatur und weisen zudem darauf hin, dass das Lebenskonzept vorsieht, durch eine Partnerschaft eine Familie zu gründen.[7] Weiter sehen sie das

---

[1] siehe Anhang A1: 96
[2] vgl. Pixa-Kettner (o.J.): 6
[3] siehe Anhang A1: 96
[4] Weltgesundheitsorganisation (WHO) (2012) definiert geistige Behinderung wie folgt: *„Geistige Behinderung bedeutet eine signifikant verringerte Fähigkeit, neue oder komplexe Informationen zu verstehen und neue Fähigkeiten zu erlernen und anzuwenden (beeinträchtigte Intelligenz). Dadurch verringert sich die Fähigkeit, ein unabhängiges Leben zu führen (beeinträchtigte soziale Kompetenz)."* § 2 Absatz 1 Satz 1 SGB IX definiert geistige Behinderung wie folgt: *„Menschen sind behindert, wenn ihre [...] geistige Fähigkeit [...] mit hoher Wahrscheinlichkeit länger als sechs Monate von dem für das Lebensalter typischen Zustand abweichen und daher ihre Teilhabe am Leben in der Gesellschaft beeinträchtigt ist."*
[5] Aufgrund der besseren Lesbarkeit des Textes wird das Wort beziehungsweise ausgeschrieben und nicht wie üblich mit bzw. abgekürzt.
[6] siehe Anhang A1: 98
[7] vgl. Hennies/ Sasse (o.J.): 74

Thema „Elternschaft" gerade bei Menschen mit geistiger Behinderung als bedeutend in der Diskussion um Normalisierung und Selbstbestimmung.[8]

Durch das Grundgesetz der Bundesrepublik Deutschland wird jedem Menschen das Recht auf Gleichheit, freie Entfaltung der Persönlichkeit und Schutz von Ehe und Familie zugesprochen. Die Autorin Achilles zeigt auf, dass zu der freien Entfaltung der Persönlichkeit auch Partnerschaft und Sexualität zählen.[9] Folglich darf keinem Menschen, egal ob dieser eine geistige Behinderung hat oder nicht, das Recht auf Elternschaft abgesprochen werden. Achilles erklärt weiter, es gebe „[…] eine Reihe von Beispielen, die zeigen, dass Menschen mit geistiger Behinderung durchaus in der Lage sind, ihre Kinder kompetent zu versorgen und zu erziehen [...]"[10], wenn entsprechende Hilfen in Form von einer funktionierende Anleitung und Betreuung vorhanden sind und genutzt werden.[11]

Im Jahr 1996 führten Pixa-Kettner, Bargfrede u.a. eine Forschung mit dem Titel „'Dann waren sie sauer auf mich, daß ich das Kind haben wollte...' Eine Untersuchung zur Lebenssituation geistigbehinderter Menschen mit Kindern in der BRD" durch. In dieser bis heute noch einzigen größeren Forschung zu der Thematik um den Kinderwunsch bei Menschen mit geistiger Behinderung wurden 969 Elternschaften mit 1366 Kindern in Deutschland vermerkt. Es sollte der aktuelle Standpunkt der Eltern mit geistiger Behinderung und ihren Kindern kennen gelernt, sowie die bereits bestehenden Maßnahmen zur Unterstützung betrachtet werden.[12]

Demnach ist die letzte große Studie zum Themenspektrum um den Kinderwunsch bei Menschen mit geistiger Behinderung 16 Jahre her. Aus diesem Grund wird sich die Bachelorarbeit mit der Materie um den Kinderwunsch bei Menschen mit geistiger Behinderung auseinandersetzen. Es soll festgestellt und aufgezeigt werden, wie das gegenwärtige Unterstützungsangebot in Deutschland ist. Zudem werden die rechtlichen Grundlagen betrachtet, unter dem Aspekt, ob geistig behinderte Personen überhaupt das Recht auf eigene Kinder haben beziehungsweise ob es rechtliche Probleme für Menschen mit einer geistigen Behinderung in Hinblick auf einen Kinderwunsch geben könnte. Weiter wird das Verhältnis zwischen diesen und den vorhandenen gegenwärtigen Maßnahmen der Sozialen Arbeit aufgefasst, benannt und beurteilt.

---

[8] vgl. Hennies/ Sasse (o.J.): 75
[9] vgl. Achilles (2010): 75
[10] Achilles (2010): 75
[11] vgl. Achilles (2010): 78
[12] Pixa-Kettner (2008): 10

Die Bachelorthesis zu der Aufgabenstellung ‚Untersuchung des Spannungsverhältnisses von Sozialer Arbeit und den rechtlichen Rahmenbedingungen bei Kinderwunsch von Menschen mit geistiger Behinderung' beginnt inhaltlich mit einer Auseinandersetzung mit dem Kinderwunsch bei Menschen mit geistiger Behinderung (Kapitel 2 dieser Arbeit). Hier wird der Wunsch nach einem eigenen Kind in Bezug zur heutigen Gesellschaft betrachtet und infolgedessen Vorurteile gegenüber einer Elternschaft von Menschen mit geistiger Behinderung (2.1) aufgegriffen. Nachfolgend findet eine Betrachtung der Kinderwunschgründe und Kinderwunschmotive (2.2) statt. Auch soll in diesem Kapitel die vorhandene Situation anhand einer aktuellen Studie über Elternschaften von Menschen mit geistiger Behinderung (2.3) aufgezeigt werden.

Anschließend werden die Bereiche für die Soziale Arbeit (3) beschrieben. Augenmerk wird zum einen auf den Umgang mit dem Kinderwunsch von Menschen mit geistiger Behinderung (3.1) und zum anderen auf die tatsächliche Situation, wenn das Kind geboren ist, gelegt. Im Abschnitt *„Mein Kind ist da… Und nun?"* – Unterstützungsmöglichkeiten (3.2) wird die Bundesarbeitsgemeinschaft „Begleitete Elternschaft" (3.2.1) sowie weitere Angebote der Sozialen Arbeit am Beispiel unterschiedlicher Wohnformen (3.2.2) vorgestellt. Im Folgenden werden die Parameter der Sozialen Arbeit (3.3) benannt.

Die Rechtsgrundlagen (4) zur Thematik bilden das nächste Kapitel der Arbeit. Entsprechende Artikel der übergeordneten Gesetze (4.1), wie das Grundgesetz der Bundesrepublik Deutschland (4.1.1), die UN-Behindertenrechtskonvention (4.1.2), die UN-Kinderrechtskonvention (4.1.3) sowie die Europäische Menschenrechtskonvention (4.1.4) werden Betrachtung finden. Des Weiteren soll eine Erläuterung der rechtlichen Betreuung (4.2) und Elterlichen Sorge (4.3) stattfinden, wobei im Letztgenannten auch Kriterien der Aufsichts- und Erziehungspflicht (4.3.1) sowie Merkmale um die Haftpflicht (4.3.2) aufgegriffen werden. Gesetzliche Aspekte der Sozialgesetzbücher zur Materie um die professionelle Begleitung von geistig behinderten Eltern (4.4), ebenso eine Vorstellung der Garantenpflicht (4.5) finden anschließend Platz.

Nachdem die Bereiche der Sozialen Arbeit und die Rechtsgrundlagen vertieft wurden, wird im darauffolgenden Kapitel das Verhältnis zwischen diesen ermittelt, beurteilt und im Abschnitt Darstellung des Spannungsverhältnisses (5) vorgestellt.

Um eine inhaltliche Abrundung der Thematik zu gewährleisten, wird nachfolgend eine Erhebung vorgestellt, in der die Situation der Kinder von Menschen mit geistiger Behinderung (6) rückblickend betrachtet wird.

Ein Fazit (7) zur Thematik wird abschließend erstellt.

2 Kinderwunsch von Menschen mit geistiger Behinderung

Um eine spezifische Auseinandersetzung mit der Thematik zu gewährleisten, wird in diesem Kapitel kurz der Kinderwunsch von Menschen mit geistiger Behinderung näher betrachtet. Zwangsläufig muss sich diese Personengruppe einer Konfrontation mit Einstellungen, geprägt durch Mythen und Klischees, die das Denken über Jahrzehnte beeinflusst haben, stellen.[13] Nachfolgend werden dementsprechend fünf Vorurteile gegen eine Elternschaft von Menschen mit geistiger Behinderung (2.1) benannt, die Mitte der 90er Jahre von einigen australischen WissenschaftlerInnen um Llewellyn als Mythen bezeichnet wurden. Anschließend findet eine Erläuterung der Kinderwunschgründe und der Motivation ein Kind zu bekommen (2.2) statt. Weiter soll die Forschung, die schon in der Einleitung benannt wurde, betrachtet werden. Unter dem Abschnitt Aktuelle Studie über Elternschaften von Menschen mit geistiger Behinderung (2.3) können so quantitative und qualitative Fakten über die vorhandene Situation sowie Informationen über Unterstützungsangebote aufgezeigt werden.

2.1 Vorurteile gegen eine Elternschaft von Menschen mit geistiger Behinderung

Wie eben berichtet, wurden 1995 eine Handvoll Annahmen in Bezug auf den Kinderwunsch bei Menschen mit geistiger Behinderung zusammengefügt. Einige nicht nachgewiesene Grundsätze konnten aber durch die MitarbeiterInnen der Forschungsgruppe schon damals entkräftet werden. In diesem Kapitel findet neben der Benennung der Hypothesen auch eine kurze Auseinandersetzung zur Thematik statt.

Voran, und auch in der Gesellschaft noch heute verbreitet, steht die Annahme, Menschen mit geistiger Behinderung bekämen auch behinderte Kinder.[14] Doch Behinderungen sind nach damaligen und gegenwärtigen Untersuchungen nicht vererbbar.[15] Weiter wird angenommen, dass die Familien mit einem oder beiden Elternteilen mit geistiger Behinderung als Großfamilien betitelt werden sollten, denn Menschen mit geistiger Behinderung sollen besonders viele Kinder zur Welt bringen und dementsprechend Großfamilien züchten. Doch auch dieser und der folgende Mythos konnten widerlegt werden. Es wurde formuliert, dass Menschen mit Behinderung kein angemessenes Elternverhalten erlernen könnten. Außerdem wurde betont, Eltern mit einer geistigen Behinderung würden ihre Kinder missbrauchen und sogar vernachlässigen.[16] Die Autorin Pixa-Kettner artikuliert, dass zwar die zuletzt genannte Hypothese, die Kinder

---

[13] vgl. Lenz/Riesberg u.a. (2010): 25
[14] vgl. Llewellyn/McConnell/Bye (1995): 15
[15] vgl. Pixa-Kettner (o.J.): 8
[16] vgl. Pixa-Kettner (o.J.): 8

würden vernachlässigt werden, eine Tatsache sein könnte.[17] Vorangehend wurde zu dieser Aussage von den WissenschaftlerInnen um Llewellyn erwähnt, dass wenn eine Vernachlässigung stattfindet, diese unbeabsichtigt und aus Mangel an Wissen entsteht.[18]

2.2 Kinderwunschgründe und Kinderwunschmotivation

Nachdem im letzten Abschnitt Vorurteile gegen eine Elternschaft von Menschen mit geistiger Behinderung dargestellt wurden, erfolgt im kommenden Teil eine Auseinandersetzung mit den Gründen zum Kinderwunsch. Weiter wird der Frage nachgegangen, was Frauen oder auch Paare mit einer geistigen Behinderung motiviert, diesen Wunsch nachzugehen. Ein tieferer Einblick in das Themengebiet wird so garantiert.

Der Kinderwunsch ist ein *„Bedürfnis nach Veränderung und Neuorientierung."*[19] Groß formulierte Ende der 90er Jahre Kinderwunschmotive, die sowohl auf Frauen mit aber auch ohne geistige Behinderung zutreffen. Er beschreibt, das Begehren als vollwertige Frau anerkannt zu werden, ist ein Aspekt der Motivation nach einem eigenen Kind. Auch der Wunsch nach einer vollständigen Familie und den damit verbundenen Bedürfnissen nach Zuwendung sowie das Gefühl gebraucht zu werden, lassen sich aufzählen. Weiter steht das Verlangen, sich durch ein eigenes Kind von seinen eigenen Eltern loszulösen, im Vordergrund.[20]

> *„Ein eigenes Kind erwirke die Ablösung von der Welt der Behinderung und ermöglicht eine Welt der nichtbehinderten Normalität."*[21]

Frauen oder Paare mit geistiger Behinderung äußern das Bedürfnis, durch ein eigenes Kind endlich als erwachsene Personen angesehen zu werden. Sie möchten eine ‚normale' Familie haben und in dieser leben, so wie es in der Gesellschaft vorgelebt wird. Die Motivation ein Kind zu bekommen gestaltet sich demnach auch durch die Aspekte der Normalität und des Erwachsenseins.[22]

---

[17] vgl. Pixa-Kettner (o.J.): 8
[18] vgl. Llewellyn/McConnell/Bye (1995): 15
[19] Groß (1999): 139
[20] vgl. Groß (1999): 140
[21] vgl. Greving/ Niehoff (2005): 204
[22] siehe Anhang A1: 98

2.3 Aktuelle Studie über Elternschaften von Menschen mit geistiger Behinderung

Das Kapitel Kinderwunsch von Menschen mit geistiger Behinderung wurde durch kurze und präzise Vorstellungen der Vorurteile gegenüber einem Kinderwunsch sowie der Gründe für ein Kind bei Menschen mit geistiger Behinderung aufgerissen und soll nun durch eine Betrachtung einer aktuellen Untersuchung abgerundet werden.

In der Einleitung wurde die Forschung von 1996 erläutert. Unter dem Titel „'Dann waren sie sauer auf mich, daß ich das Kind haben wollte...' Eine Untersuchung zur Lebenssituation geistigbehinderter Menschen mit Kindern in der BRD" ermittelten Pixa-Kettner, Bargfrede u.a. Aspekte um die Thematik der Elternschaft bei Menschen mit Behinderung.

Die Untersuchung in Hinblick auf die quantitativen Daten gestaltete sich mit dem Ziel, einen Überblick über die Anzahl der Elternschaften, über Lebensdaten sowie über die äußere Situation der Betroffenen zu bekommen.[23] Bei der Studie, die bundesweit durch eine schriftliche Befragung von über 1700 Einrichtungen für Menschen mit geistiger Behinderung durchgeführt wurde, konnten 969 Elternschaften mit 1366 Kindern verzeichnet werden. Weitere Elternschaften wurden zudem vermutet. Beispielsweise in Einrichtungen, die nicht geantwortet haben, denn von rund 40% kam keine Rückantwort. Wiederum in 44% der Einrichtungen waren Elternschaften von Menschen mit geistiger Behinderung bekannt.

Auffällig war zudem, dass Familien, also Eltern mit geistiger Behinderung mit ihrem Kind beziehungsweise ihren Kindern häufiger zusammenleben als früher. Auch kann ein Anstieg der Geburtenrate in den Jahren vor der Forschung verzeichnet werden.[24]

Gesammelt wurden ebenfalls Angaben über die persönliche Sicht der Eltern mit geistiger Behinderung. Diese qualitativen Daten wurden mit Hilfe einiger Interviews erhoben. Es wurden 31 Elternschaften untersucht, wobei eine Befragung der Mütter, Väter sowie Personen aus ihrem Umfeld stattfand.[25] Festgestellt wurde, dass sich fast alle Frauen und Männer, die meist aus psychosozial belasteten Herkunftsfamilien stammen, auf ihr Kind freuten, obwohl sie im Vorfeld aus ihrem Umfeld Ablehnung gegen ihren Kinderwunsch und ihre Schwangerschaft erfahren mussten. Ebenso war die Elternschaft geprägt von Reaktionen von außen, sowie von persönlichen Gegebenheiten, sodass sich ein Angebot von adäquaten Hilfsmaßnahmen als relevant erwies. Doch der Aufbau

---

[23] vgl. Pixa-Kettner (2008): 10
[24] vgl. Pixa-Kettner (2008): 11
[25] vgl. Pixa-Kettner (2008): 10

einer positiven Beziehung von Eltern zum Kind beziehungsweise zu ihren Kindern konnte, gegen die herbeigeführten Probleme die sich boten, sowie von der Tatsache, ob die Mütter und Väter überhaupt in der Lage waren, ihre elterlichen Aufgaben zu erfüllen, gestaltet werden.[26] Deutlich wird, dass ein endloses Spektrum elterlicher Verhaltensweisen existiert und aus der Forschung keine behinderungsspezifischen Probleme im Zusammenhang mit Elternschaften von Menschen mit geistiger Behinderung erkennbar sind. Bedeutend ist dazu der Aspekt, dass Eltern, wo ein oder beide Teile eine geistige Behinderung haben, genauso wie Elternschaften, bei denen kein Teil eine Behinderung hat, auch dann Eltern bleiben, wenn sie von den Kindern getrennt leben.[27] Die Autorin Pixa-Kettner weist außerdem darauf hin, *„dass diese Eltern mit die am strengsten kontrollierte und überwachte Elterngruppe in unserer Gesellschaft sind, an die bisweilen sogar höhere Maßstäbe angelegt werden als an andere Eltern."*[28]

Einen Überblick über bereits bestehende Hilfsmaßnahmen sollte das Kapitel ‚Informationen über Unterstützungsangebote' in der Studie leisten, um anschließend die Möglichkeit zu öffnen, eigene konzeptionelle Überlegungen anzustellen. Hierzu wurden vier (Modell-)Einrichtungen, zwei deutsche sowie zwei ausländische, besichtigt und ihre Konzepte verglichen.[29] Langjährige Erfahrungen im In- und Ausland mit der Unterstützung von Eltern mit geistiger Behinderung ließen sich verzeichnen, die von ambulanter bis zur vollstationären Betreuung reichten. Bedeutend in der Arbeit ist mütterliches beziehungsweise elterliches Selbstvertrauen, wie es im englischen sowie im dänischen Konzept beschrieben wurde.[30] In der eigenen Methodenüberlegung der Forschungsgruppe sollte *„[...] die Notwenigkeit eines individuell angepassten und differenzierten Unterstützungsangebots sowie der Bedeutung regionalisierter Hilfesysteme hervorgehoben [...]"*[31] werden.

Aus dieser und einer in der Literatur kaum erwähnten und daher hier auch nicht beschriebenen Folgeuntersuchung von 2005, auch von Pixa-Kettner, Bargfrede u.a., lässt sich folgendes Ergebnis ableiten:
Etwa zwei Drittel der Familien, wo ein oder beide Elternteile eine geistige Behinderung haben, leben in einer Gemeinschaft, wovon fast die Hälfte der Elternschaften ohne professionelle Unterstützung ihr Kind oder ihre Kinder erziehen. Viele leben aber auch

---

[26] vgl. Pixa-Kettner (2008): 11
[27] vgl. Pixa-Kettner (2008): 12
[28] Pixa-Kettner (2008): 12
[29] vgl. Pixa-Kettner (2008): 10
[30] vgl. Pixa-Kettner (2008): 12
[31] Pixa-Kettner (2008): 12

in ihrer eigenen Wohnung und werden ambulant begleitet. In ihren Herkunftsfamilien oder in stationären Einrichtungen leben vorwiegend alleinerziehende Mütter. In der Folgestudie wurde zudem festgestellt, dass 2005 nur noch rund sechs Prozent der Elternschaften mit geistiger Behinderung in stationären Einrichtungen leben. Weiter kann ein Zuwachs von einem Zusammenleben der Kinder mit ihren Eltern verzeichnet werden.[32]

3 Bereiche für die Soziale Arbeit

Zum Einstieg in die Thematik um den Kinderwunsch bei Menschen mit geistiger Behinderung wurden im Voraus neben Vorurteilen und Kinderwunschgründe auch Informationen um eine aktuelle Forschung bearbeitet. Im Folgenden findet eine Betrachtung der Bereiche für die Soziale Arbeit statt.

Elternschaften von Menschen mit geistiger Behinderung gelten in der heutigen Gesellschaft noch immer als Tabu. Sie erfahren negative Reaktionen auf ihren Wunsch nach einem eigenen Kind, auf die Schwangerschaft und die darauffolgende Geburt. Nicht selten kam es in den letzten Jahren aufgrund der Skepsis, ob Menschen mit geistiger Behinderung mit der elterlichen Rolle umgehen sowie in einem entsprechenden Maß nachkommen können, zu Fremdbestimmungen in diesem Bereich. Forderungen zu Schwangerschaftsabbrüchen oder Einzüge in stationäre Einrichtungen waren die Folge.[33]

Demnach werden im ersten Abschnitt in diesem Kapitel Aussagen zum Umgang mit dem Kinderwunsch von Menschen mit geistiger Behinderung (3.1) getroffen. Unterstützungsmöglichkeiten (3.2) für die Zeit ab der Geburt werden vorgestellt. Hierzu wird eine Betrachtung der Bundesarbeitsgemeinschaft „Begleitete Elternschaft" (3.2.1) sowie eine Darstellung weiterer Angebote der Sozialen Arbeit (3.2.2) stattfinden. Abschließend folgt eine Zusammenfassung der Kerngedanken im Abschnitt Parameter der Sozialen Arbeit (3.3).

3.1 Umgang mit dem Kinderwunsch von Menschen mit geistiger Behinderung

Wie bereits erwähnt, gilt der Kinderwunsch von Menschen mit geistiger Behinderung als Tabu in der Gesellschaft. Bei den Eltern und Geschwistern der Menschen mit geistiger Behinderung, weitere Personen aus ihrem sozialen Umfeld, BetreuerInnen sowie

---

[32] siehe Anhang A1: 99
[33] vgl. Röh (2009): 121

gegenüber den Menschen mit geistiger Behinderung selbst wird dieses Thema gemieden.[34] Im Weiteren wird dieses untersucht und ein fachgemäßer Umgang mit dem Wunsch nach einem Kind von Menschen mit geistiger Behinderung dargestellt.

Die erwähnte Vermeidung der Thematik um den Kinderwunsch beginnt schon im Kindesalter. Im Gegensatz zu Kindern mit einer geistigen Behinderung wird mit Kindern, die keine Behinderung haben, über die Familiengründung gesprochen. Auch in der Jugendzeit und im Erwachsensein wird das Thema bei Menschen mit geistiger Behinderung ausgespart oder von vornherein verboten. Äußern sie dennoch ihr Begehren, wird dieses heruntergespielt oder nicht ernstgenommen. Es wird ihnen unterstellt, ein Kind bekommen zu wollen, um andere Ziele, die sich auf sie beziehen, zu erreichen. Oft wird ein möglicher Auszug von zu Hause benannt. Dadurch würde der betroffenen Person beispielsweise ein höheres Maß an Selbstbestimmung zufließen, welches ihre Lebensqualität erhöhen könnte.[35] Menschen mit geistiger Behinderung werden demnach keine oder wenige Möglichkeiten geboten, sich eine eigene Einstellung zu der Thematik zu bilden und damit verbundene Vor- und Nachteile abzuwägen.[36] Auf die nicht stattgefundene Auseinandersetzung zum Kinderwunsch folgt mehrfach eine ungewollte und/ oder ungeplante Schwangerschaft,[37] die beispielsweise durch Mangelhaftigkeiten bei der Verhütung, wie Fehlinformationen oder die unregelmäßige Einnahme der Pille, entstehen.[38] Dies führt dazu, dass die Schwangerschaft abgebrochen oder das Kind gleich nach der Geburt aufgrund unzureichender Hilfsangebote von den Eltern getrennt wird.[39]

Führen Menschen mit geistiger Behinderung oder auch Personen ohne Behinderung eine langjährige Partnerschaft, so äußern beide Konstellationen meist den Wunsch nach einem eigenen Kind. Für ‚normale' Paare wird das Ausleben des Wunsches eher unkompliziert, wobei es sich bei Menschen mit einer geistigen Behinderung schwierig gestaltet. Dennoch sollte auch ihnen die Möglichkeit gegeben werden, diesen Wunsch auszuleben,[40] denn die *„Erfüllung des Kinderwunsches kann Bestätigung der eigenen Notwendigkeit bedeuten und damit die abgelehnte Behinderung kompensieren helfen. Das eigene Kind [...] öffne das Tor zur Welt der Nichtbehinderten."[41]* Das zeigt, die

---

[34] vgl. Hennies/Sasse (o.J.): 75
[35] vgl. Pixa-Kettner (o.J.): 6
[36] siehe Anhang A1: 96
[37] vgl. Hennies/Sasse (o.J.): 75
[38] vgl. Lenz/Riesberg u.a. (2010): 55
[39] vgl. Hennies/Sasse (o.J.): 75
[40] Specht (o.J.): 30
[41] Walter (1996): 295

Auseinandersetzung mit dem Kinderwunsch von Menschen mit geistiger Behinderung stellt einen wichtigen Aspekt in Bezug auf Normalisierung und Selbstbestimmung dar. Hähner vermerkt, wenn eine *„Behinderung Normalität mit anderer Ausprägung ist, muss auch der Gedanke von Partnerschaft mit Kind als normal gesehen werden [...].*"[42]

Der Kinderwunsch sollte folglich den Menschen mit geistiger Behinderung nicht ausgeredet, sondern akzeptiert werden, um diesen konstruktiv besprechen zu können.[43] So werden dem Paar zum einen Faktoren, was es bedeutet Eltern zu sein und der Kindeserziehung verdeutlicht und zum anderen die Möglichkeit geboten, frühzeitig Hilfsangebote nutzen zu können.[44]
Nach dieser Auseinandersetzung mit dem Kinderwunsch kann sich das Paar entweder für oder gegen ein Kind entscheiden. Beschließen die Menschen mit geistiger Behinderung, sie möchten ein Kind bekommen, muss dieser Wunsch sowohl von Eltern, Geschwistern oder weiteren Personen aus dem sozialen Netzwerk aber auch gegebenenfalls von ihren BetreuerInnen respektiert werden.[45] Anerkannt werden muss auch, wenn das Paar ihren Kinderwunsch aufgibt. Hier sollte Platz geschaffen werden, für die Trauer über den *„[...] nicht erfüllbaren Lebenstraum nach eigenem Kind [...].*"[46] In diesem Fall muss eine Entwicklung einer alternativen Lebensperspektive für das Paar oder des Einzelnen stattfinden. Die Entscheidung gegen ein Kind entsteht oft durch eine realistische Beurteilung der Verantwortung, Anforderung und Belastung.[47]

Abschließend kann formuliert werden, dass in erster Linie den Menschen mit geistiger Behinderung eine entsprechende Auseinandersetzung mit der Thematik um den Kinderwunsch möglich sein sollte. Nachfolgend muss das Bedürfnis der geistig behinderten Personen, Eltern zu werden, angenommen und diese in ihrem Wunsch unterstützt werden.

3.2 *„Mein Kind ist da... Und nun?"* – Unterstützungsmöglichkeiten
Im Vorfeld konnte festgestellt werden, dass der Wunsch nach einem Kind von Menschen mit geistiger Behinderung genauso akzeptiert werden muss, als wenn die Personen die dieses Verlangen äußern, keine Behinderung haben. Daher sollte die Ent-

---

[42] Hähner (1997): 217
[43] vgl. Hennies/Sasse (o.J.): 75
[44] vgl. Specht (o.J.): 30
[45] vgl. Hennies/Sasse (o.J.): 76
[46] Hennies/Sasse (o.J.): 76
[47] vgl. Hennies/Sasse (o.J.): 76

scheidung ein Kind zu bekommen unter der Beachtung der Interessen von den wer-
denden Eltern und denen des Kindes unterstützt werden.[48]

„Damals ging es um eine von uns betreute Frau. Sie lebte in einem unserer Wohnhei-
me [...]. Sie wollte, und wir befürworteten das, in eine Sozialwohnung ziehen. Als die
Mitte zwanzig war, wurde sie schwanger von einem Mann, ebenfalls Mitte zwanzig, der
bei uns in der Tischlerei arbeitete und auch ähnlich geistig behindert ist.
Sie hat uns von ihrer Schwangerschaft nur sehr zögernd erzählt, weil sie fürchtete,
dass wir auf eine Abtreibung drängen würden. Das taten wir aber nicht.
Wir setzten uns mit ihr und ihrem Freund zusammen und beratschlagten: Was ist zu
tun? Welche Möglichkeiten gibt es?"[49]

Maßnahmen zur Beratung und Unterstützung, beispielsweise in Form einer Begleitung
von Menschen mit geistiger Behinderung und ihren Kindern, wurden aufgrund der in
den letzten Jahren auftretenden Diskussion um Partnerschaft und Sexualität bei Menschen mit Behinderung sowie der wachsenden Sensibilität um diese Thematik durch
neue oder umstrukturierte Wohneinrichtungen sowie neugegründeten Projekten offe-
riert.[50] Rund 30 Institutionen sind gegenwärtig in Deutschland zu verzeichnen, die
meist ambulant, aber auch stationär agieren. Hauptsächlich sind diese Einrichtungen
der Bundesarbeitsgemeinschaft „Begleitete Elternschaft" angeschlossen,[51] welche im
kommenden Abschnitt (3.2.1) dargestellt wird. Weiter findet eine Erläuterung weiterer
Angebote der Sozialen Arbeit in verschiedenen Wohneinrichtungen (3.2.2) statt.

3.2.1 Die Bundesarbeitsgemeinschaft „Begleitete Elternschaft"

Im Folgenden wird die im Jahr 2002 aus einem Zusammenschluss von verschiedenen
Institutionen, Trägern und Projekten gegründete Bundesarbeitsgemeinschaft „Begleitete Elternschaft" (BAG: „Begleitete Elternschaft")[52] vorgestellt.

Die BAG: „Begleitete Elternschaft" gestaltet sich aus rund 20 Institutionen aus Deutschland,[53] die zum einen das Thema Kinderwunsch beziehungsweise Elternschaft von
Menschen mit geistiger Behinderung in der Öffentlichkeit publik machen wollen und
zum anderen als Unterstützungsangebot für Eltern mit geistiger Behinderung agieren.[54]

---

[48] siehe Anhang A1: 96
[49] Achilles (2010): 77
[50] siehe Anhang A1: 100
[51] siehe Anhang A1: 101
[52] vgl. Bargfrede (o.J.): 285
[53] vgl. Bargfrede (o.J.): 287
[54] siehe Anhang A1: 100

Demnach sollen Familien, in denen ein oder beide Elternteile eine geistige Behinderung haben, durch individuelle Unterstützungsmaßnahmen das Zusammenleben mit ihren Kindern ermöglicht sowie eine betreuungsarme oder betreuungslose Perspektive entwickelt werden. Ist aufgrund einer Gefährdung oder Verletzung des Kindeswohls eine Trennung des Kindes von den Eltern notwendig, wird auch hier die Familie künftig begleitet. Weiter muss eine Förderung der Erziehungskompetenzen der Eltern stattfinden, in der auch Fähigkeiten zur Selbst- sowie Versorgung des Kindes, beziehungsweise der Kinder, bekräftigt werden. [55]

Unter Betrachtung dieser Aufträge lassen sich folgende Arbeitsschwerpunkte ableiten: Es kann die Vermittlung von Informationen und Wissen genannt werden. Die MitarbeiterInnen müssen im Vorfeld abwägen, welche Auskünfte für die Menschen mit geistiger Behinderung relevant sein könnten. Durch die Informationen werden die KlientInnen beraten und bekommen neue Handlungsmöglichkeiten aufgezeigt. [56] Ein weiterer Aspekt ist die Begleitung von Alltagssituationen. Der Umgang von den Eltern mit ihrem Kind wird miterlebt und Ressourcen, aber auch Probleme lassen sich erkennen. Die vorhandenen Kompetenzen müssen infolgedessen genutzt werden, um gezielt nach Lösungen suchen zu können. [57] Auch das Anleiten und Einüben ist erwähnenswert, denn es zielt auf eine Veränderung des Erziehungsverhaltens sowie auf das Erlernen neuer Handlungsmuster ab. [58] Die MitarbeiterInnen der BAG: „Begleitete Elternschaft" leisten zudem eine Begleitung von Terminen und Gesprächen[59] und bieten durch die Übernahme von Tätigkeiten in Überforderungssituationen eine Art Entlastung an. [60] Vorrangig muss ein soziales und institutionelles Netzwerk aufgebaut und koordiniert werden. Gruppenangebote der BAG: „Begleitete Elternschaft" bieten den Eltern die Möglichkeit, weitere Familien in derselben oder in ähnlichen Situationen kennenzulernen und Erfahrungen auszutauschen. Es sollte weiter mit den Eltern überlegt werden, wer und in welchem Rahmen die Familie noch unterstützen könnte, mit dem Ziel, die Entwicklung des Kindes beziehungsweise der Kinder zu fördern und das Kindeswohl zu sichern. [61]

Methodisch wird in der BAG: „Begleitete Elternschaft" nach einem systemischen ganzheitlichen Ansatz gearbeitet. Demzufolge wird die gesamte Familie mit ihren inneren

---

[55] vgl. Bargfrede (o.J.): 290
[56] vgl. Lenz/Riesberg u.a. (2010): 203
[57] vgl. Lenz/Riesberg u.a. (2010): 204
[58] vgl. Lenz/Riesberg u.a. (2010): 205
[59] vgl. Lenz/Riesberg u.a. (2010): 208
[60] vgl. Lenz/Riesberg u.a. (2010): 207
[61] vgl. Lenz/Riesberg u.a. (2010): 209

und äußeren Beziehungen und Strukturen betrachtet. Weiter werden Maßnahmen aus der Einzelfallhilfe und Familienberatung als Unterstützungsmöglichkeit angeboten sowie ergänzend Mittel der Gruppenarbeit und familienübergreifende, gemeinwesenorientierte Angebote bereitgestellt.[62]

Grundsätzlich unterstützt die BAG: „Begleitete Elternschaft" also Familien, in denen ein oder beide Elternteile eine geistige Behinderung haben, durch begleitende, beratende und unterstützende Maßnahmen und fördert somit die elterlichen Kompetenzen, stabilisiert die Eltern-Kind-Beziehung und sichert so das Kindeswohl.

3.2.2 Weitere Angebote am Beispiel unterschiedlicher Wohnformen

„Auch in vielen anderen Einrichtungen [als in denen der
BAG: „Begleitete Elternschaft"] *können einzelne Eltern mit ihren Kindern
leben oder ambulante Unterstützung erhalten."*[63]

Im folgenden Abschnitt werden dementsprechend verschiedene Formen des Wohnens mit ihren Angeboten der Sozialen Arbeit beschrieben, die Menschen mit geistiger Behinderung und ihr Kind beziehungsweise ihre Kinder je nach Bedarf nutzen können.

Das unterstützte Wohnen bietet Familien eine ambulante Begleitung in ihrer eigenen Wohnung.[64] Die Menschen mit geistiger Behinderung sollen in ihrer elterlichen Rolle unterstützt und die dementsprechenden Kompetenzen gebildet und gefördert werden.[65] Des Weiteren finden je nach Bedarf gezielte Maßnahmen wie die Begleitung bei Behördengängen oder Unterstützungen im Haushalt statt, um eine selbständige Lebensführung der Familien anzustreben und so eine Teilhabe an der Gesellschaft zu realisieren.[66] Zu der Form des unterstützten Wohnens zählen auch betreute Wohngruppen, die in einer, durch einen Träger oder durch eine Einrichtung angemieteten Wohnung leben. Auch hier findet eine ambulante Betreuung der Familie statt, wobei sich MitarbeiterInnen der Sozialen Arbeit um persönliche Angelegenheiten der KlientInnen kümmern. Die Institution oder der Träger bearbeiten Probleme mit dem Wohnprojekt, also beispielsweise mit den VermieterInnen.[67]

---

[62] vgl. Bargfrede (o.J.): 294
[63] siehe Anhang A1: 101
[64] siehe Anhang A1: 101
[65] vgl. Achilles (2010): 76
[66] vgl. Achilles (2010): 78
[67] vgl. Achilles (2010): 78

Eine weitere Möglichkeit ist das Wohnen in der Herkunftsfamilie, wo wiederum auch eine ambulante Unterstützung möglich ist.[68] Stationäre Wohneinrichtungen werden gegenwärtig oft nur noch durch einen Beschluss beziehungsweise durch eine vom Gericht angeordnete Auflage besucht, um eine Trennung von dem Kind beziehungsweise den Kindern und den Eltern zu verhindern oder, um eine Überforderungssituation entgegenzuwirken. Demnach entscheiden sich oft alleinerziehende Mütter mit geistiger Behinderung eine stationäre Einrichtung zu besuchen.[69] Auch hier agiert die Soziale Arbeit mit dem Ziel, das Wohl des Kindes zu sichern, indem Maßnahmen zur Förderung elterlicher Kompetenzen angeboten werden.[70]

Unbedeutend in welcher Wohnsituation sich die betroffene Familie befindet, muss das Angebot der Sozialen Arbeit grundsätzlich soziale Ressourcen der Kinder, der Eltern und der Familien insgesamt fördern und akzeptieren.[71] Das soziale Netzwerk in dem sich die Menschen mit geistiger Behinderung befinden, gestaltet sich als Geflecht aus vielfältigen Unterstützungsleistungen im Umgang mit ihrem Kind beziehungsweise ihren Kindern. Die Eltern oder Großeltern, Nachbarn, Freunde und Bekannte können als Hilfen im privaten Bereich gesehen werden. Professionell lassen sich Horte, Kindertagesstätten und Schulen benennen.[72] Die soziale Unterstützung ist eine *„[...] soziale Bedürfnisbefriedigung eines Individuums durch signifikant andere Mitglieder seines sozialen Netzwerkes."*[73] Doch die Hilfen werden oftmals von den Menschen mit geistiger Behinderung auch als negativ bewertet. Jede Unterstützungsleistung ist mit Erwartungen und Gegenerwartungen verbunden, die Stresselemente, wie beispielsweise das Gefühl der Abhängigkeit oder die unerwünschte Kontrolle, hervorrufen.[74] Die Soziale Arbeit sollte dennoch die sozialen Ressourcen der Familie beziehungsweise der einzelnen Familienmitglieder zulassen und durch eine Koordinierung, bei der die Hilfen auch aufeinander abgestimmt werden sollten, sich an den Bedürfnissen der KlientInnen orientieren. Die Unterstützungsleistungen operieren so als wichtiger Schutzfaktor gegen eine Überforderung der Eltern mit geistiger Behinderung, in der die fehlenden elterlichen Kompetenzen kompensiert werden.[75]

---

[68] siehe Anhang A1: 101
[69] siehe Anhang A1: 101
[70] vgl. Achilles (2010): 78
[71] vgl. Lenz/Riesberg u.a. (2010): 91
[72] vgl. Schneider (o.J.): 253
[73] vgl. Klusmann (1989): 18
[74] vgl. Klusmann (1989): 37
[75] vgl. Schneider (o.J.): 256

3.3 Parameter der Sozialen Arbeit

Anknüpfend an die Kriterien zum Umgang mit dem Kinderwunsch bei Menschen mit geistiger Behinderung sowie der Darstellung von Unterstützungsangeboten sollen nun grundlegende Konstante der Sozialen Arbeit aufgezeigt werden.

In der Sozialen Arbeit muss der Kinderwunsch der Menschen mit geistiger Behinderung akzeptiert werden, um dementsprechend agieren zu können. An dem IST-Stand der Familie orientiert, sowie unter der Berücksichtigung der Selbstbestimmung der Eltern mit geistiger Behinderung und der Sicherung des Kindeswohls, müssen demnach Begleit- und Unterstützungsmaßnahmen geschaffen werden.[76] Hierbei sollte zwischen der Selbstbestimmung der Eltern mit geistiger Behinderung und dem Wirken der MitarbeiterInnen der Sozialen Arbeit eine angemessene Balance gefunden und gehalten werden. Dafür ist der Aufbau eines Vertrauensverhältnisses zu der Familie der Menschen mit geistiger Behinderung sehr bedeutsam.[77] So kann eine gute Zusammenarbeit gewährleistet werden, in der die KlientInnen beispielsweise auch eigene Wünsche und Vorstellungen äußern, die durch die MitarbeiterInnen der Sozialen Arbeit zu akzeptieren sind und in die Arbeit mit einbezogen werden sollten.[78]

Ebenfalls wesentlich bei der Umsetzung der Angebote ist der Aspekt, dass eigene Wertvorstellungen der MitarbeiterInnen der Sozialen Arbeit nicht umfassend auf die gesamte Menschheit übertragen werden dürfen. Hierzu zählen auch die Akzeptanz der unterschiedlichen Erziehungsstile[79] sowie das Bewusstmachen, dass *„Schwierigkeiten und Konflikte zwischen Eltern und Kindern „normal" sind."*[80]

Das Angebot der Sozialen Arbeit richtet sich je nach Bedarf an Familien, in denen ein oder beide Elternteile eine geistige Behinderung haben. Die individuellen Unterstützungsangebote gestalten sich beispielsweise durch eine ressourcenorientierte Förderung der lebenspraktischen und administrativen Fähigkeiten wie die Organisation des Haushaltes oder der Strukturierung des Alltages. Auch Behördengänge und Besuche bei Ärzten zur Sicherung der Gesundheit des Kindes zählen dazu. Des Weiteren bietet die Soziale Arbeit Maßnahmen zur (Weiter-)Bildung von elterlichen Kompetenzen in Form von Beratung und Unterstützung bei der Erziehung an.

---

[76] vgl. Greving/ Niehoff (2005): 204
[77] siehe Anhang A1: 100
[78] vgl. Lenz/Riesberg u.a. (2010): 57
[79] vgl. Greving/ Niehoff (2005): 204
[80] Greving/ Niehoff (2005): 204

Die Begleitung bei der Gestaltung der Eltern-Kind-Beziehung sowie die Befähigung der Übernahme der Verantwortung von den Eltern für das Kind beziehungsweise für die Kinder ist weiter ein grundlegendes Konstant. Aufbauend hierauf können Anregungen für die Freizeitgestaltung, Anleitungen zu einer altersgemäßen Förderung der Fähigkeiten sowie die Nennung einiger Aspekte für eine angemessene Ernährung des Kindes als Hilfen genannt werden.[81]

Grundlegend gilt für Hilfsmaßnahmen der Sozialen Arbeit, dass die Unterstützung nur ein Angebot sein sollte, für die gemeinsam Aufgaben und Ziele erarbeitet werden. Unabhängig von den verschiedenen Wohnformen ist auch, dass keine klassische Betreuung stattfinden, sondern die Familie begleitend und beratend unterstützt werden soll. Die MitarbeiterInnen der Sozialen Arbeit haben zudem die Aufgabe, die Eltern darin zu unterstützen, die Verantwortung für ihr Kind beziehungsweise ihre Kinder, für das Familienleben sowie für ihr Handeln in diesem Zusammenhang zu übernehmen.[82]

4 Rechtsgrundlagen

Nachdem im letzten Kapitel der Bereich der Sozialen Arbeit beleuchtet wurde, soll nunmehr eine Vorstellung der rechtlichen Grundlagen zur Thematik um den Kinderwunsch von Menschen mit geistiger Behinderung stattfinden. Anfangs werden vorangestellte Gesetze (4.1) wie das Grundgesetz der Bundesrepublik Deutschland (4.1.1), die UN-Behindertenrechtskonvention (4.1.2), die UN-Kinderrechtskonvention (4.1.3) sowie die Europäische Menschenrechtskonvention (4.1.4) betrachtet. Es wird die rechtliche Betreuung (4.2) beschrieben, um nachfolgend im Abschnitt eine Erklärung der Elterlichen Sorge (4.3) und zudem eine Betrachtung im Hinblick auf die rechtliche Betreuung zu gewährleisten. Des Weiteren werden Kriterien der Aufsichts- Erziehungs- (4.3.1) sowie der Haftpflicht (4.3.2) erläutert. Aspekte der professionellen Begleitung nach den Sozialgesetzbüchern VIII, IX und XII (4.4) werden benannt. Abschließend folgt eine Darstellung der Garantenpflicht gemäß § 13 StGB, um auch der Frage nachgehen zu können, ob MitarbeiterInnen der Soziale Arbeit, die ein Elternteil mit geistiger Behinderung betreuen, verantwortlich sind, wenn dem Kind beziehungsweise den Kindern durch die Eltern ein Schaden zugefügt wird.

---

[81] siehe Anhang A1: 100
[82] siehe Anhang A1: 101

4.1 Übergeordnete Gesetze

In diesem Abschnitt werden auf die Thematik abgestimmte Auszüge aus den primären Gesetzestexten untersucht. Es sollen Aspekte der Artikel 2, 3, 6 des Grundgesetzes der Bundesrepublik Deutschland (4.1.1), Artikel 23 der UN-Behindertenrechts-konvention (4.1.2), Artikel 7 und 9 der UN-Kinderrechtskonvention (4.1.3) sowie Artikel 8 der Europäische Menschenrechtskonvention aufgezeigt werden.

4.1.1 Grundgesetz der Bundesrepublik Deutschland

Das elementarste Gesetz der Bundesrepublik Deutschland ist das Grundgesetz (GG), aus diesem anknüpfend drei Artikel zur Thematik benannt werden.

Durch Artikel 2 GG wird, wie schon in der Einleitung benannt, jedem Menschen das Recht zugesprochen, seine Persönlichkeit frei zu entfalten. Hierunter wird auch die Entwicklung der Persönlichkeit in Bezug auf Partnerschaft und Sexualität gezählt.[83]
Weiter wird im GG das Recht auf Gleichheit, in Bezug zur Thematik speziell im Artikel 3 Absatz 3 Satz 3 GG artikuliert, indem es heißt, dass kein Mensch „[...] wegen seiner Behinderung benachteiligt werden [darf]."
Ehe und Familie sind durch Artikel 6 GG geschützt. Einen Eingriff wie die Trennung des Kindes von den Eltern oder der Familie, ist nur im Fall der Gefährdung des Kin-deswohls erlaubt. Daneben wird die Aufgabe der Eltern beziehungsweise die Pflicht für ihre Kinder zu sorgen, als natürliches Recht der Eltern formuliert, unwesentlich ob die-se eine geistige Behinderung haben oder nicht behindert sind.

4.1.2 UN-Behindertenrechtskonvention

Im Übereinkommen der Vereinten Nationen werden die Rechte von Menschen mit Be-hinderung geordnet. Nachkommend findet eine Aufführung einzelner Aspekte des Arti-kels 23 – Achtung der Wohnung und Familie der UN-Behindertenrechtskonvention (UN-BRK) statt.

Die Emanzipation von Menschen mit Behinderung steht hier im Vordergrund. Wie auch bei Menschen ohne Behinderung haben sie das Recht auf Partnerschaft, Ehe, Familie und Elternschaft. Gemäß Artikel 23 Absatz 1b UN-BRK haben sie das Recht auf eine freie und verantwortungsbewusste Entscheidung über ihren Kinderwunsch. Demnach treffen sie die Entscheidung über die Anzahl ihrer Kinder und die Geburtenabstände. Ein Recht auf einen Einblick über altersgemäße Information sowie Aufklärung über

---

[83] vgl. Achilles (2010): 75

Fortpflanzung und Familienplanung besteht auch. Weiter sollen sie Zugang zu Maßnahmen und weiteren Mitteln bekommen, die sie zur Umsetzung dieser Rechte benötigen. Der Artikel 23 UN-BRK verweist weiter, dass auch Menschen mit Behinderung
gute Eltern sein können und der Staat verpflichtet ist, bedarfsorientiert die Eltern mit
Behinderung zu unterstützen. Ergänzend garantiert der Artikel 23 UN-BRK Rechte
über beispielsweise Vormundschaft, Personen- und Vermögenssorge, Adoption von
Kindern oder ähnlichen Rechtsinstituten sowie die Norm, dass Kinder nicht gegen den
Willen ihrer Eltern von diesen getrennt werden dürfen, außer das Kindeswohl wird/ ist
beschädigt.

4.1.3 UN-Kinderrechtskonvention

In der Convention on the Rights of the Child (CRC) (deutsch: Übereinkommen über die
Rechte des Kindes) ist Folgendes geregelt:

Kinder[84] haben gemäß Artikel 7 Absatz 1 CRC das Recht, ihre Eltern zu kennen. Bei-
liegend wird ihnen zugesprochen, dass sie den Anspruch besitzen, auch von ihren Eltern betreut zu werden.

Artikel 9 Absatz 1 CRC fügt hinzu, dass, wenn keine Gefährdung des Wohl des Kindes
besteht, diese nicht gegen den Willen ihrer Eltern von diesen getrennt werden dürfen.
Findet eine Trennung aufgrund eines Schadens am Kindeswohl statt, hat das Kind
trotzdem ein Recht auf eine weitere Beziehung zu seinen Eltern durch regelmäßige
persönliche Kontakte gemäß Artikel 9 Absatz 3 CRC, solange dieser Umgang das
Wohl des Kindes nicht erneut beschädigt.

4.1.4 Europäische Menschenrechtskonvention

Im kommenden Abschnitt wird ein bedeutender Aspekt des Artikels 8 der Europäischen
Menschenrechtskonvention (EMRK) aufgezeigt.

Jeder Mensch, gleich ob mit oder ohne Behinderung, hat gemäß Artikel 8 EMRK ein
Recht auf die Achtung seines Familienlebens. Eingriffe durch staatliche Institutionen
dürfen dementsprechend nur stattfinden, *„[...] zum Schutz der Gesundheit [...]"* einzelner Familienmitglieder.

---

[84] Artikel 1 CRC definiert den Begriff Kind wie folgt: *„Im Sinne dieses Übereinkommens ist ein
Kind jeder Mensch, der das achtzehnte Lebensjahr noch nicht vollendet hat, soweit die Volljäh-
rigkeit nach dem auf das Kind anzuwendenden Recht nicht früher eintritt."*

4.2 Rechtliche Betreuung

Die übergeordneten Gesetze wurden im letzten Teil beschrieben. Nachfolgend wird die Dimension der rechtlichen Betreuung dargestellt.

Durch das Betreuungsgesetz (BtG), in den §§ 1896 bis 1908 BGB geregelt, werden Menschen mit geistiger Behinderung in ihrer gesetzlichen Lage bekräftigt.[85] Vor der Verabschiedung des Gesetzes „[...] war deren Rechtsposition mit derjenigen von Kindern vergleichbar.“[86] Menschen mit geistiger Behinderung wurden durch Entmündigungsverfahren im Jugendamt Vormund- und Pflegschaften auferlegt. Weiter wirkte sich das Verfahren auf die Geschäftsfähigkeit[87] der Menschen mit Behinderung aus, wodurch auch ihre rechtliche Handlungsfähigkeit eingeschränkt wurde oder gar erlosch.[88]

Am 01. Januar 1992 trat infolge einiger Konversationen das BtG in Kraft, das, wie schon erwähnt, Menschen mit Behinderungen und Personen mit psychischen Beeinträchtigungen in ihrem rechtlichen Stand unterstützt. Ihr Handlungsspielraum wird durch das BtG nicht begrenzt, schließlich entwickelte der Staat das BtG als Hilfsangebot.[89] Diese Unterstützung richtet sich an volljährige Menschen, die an einer psychischen Krankheit oder einer körperlichen, geistigen oder seelischen Behinderung leiden und einige Aufgaben ihres rechtlichen Lebens nicht mehr selbst ordnen können. So kann beim Gericht eine Betreuung beantragt werden.[90] Dieses muss die Betreuung anordnen, die anschließend in, beziehungsweise durch, Betreuungsbehörden durchgeführt wird.[91] Auch eine Erweiterung der Aufgabenbereiche in der Unterstützung kann nur durch das Gericht erwirkt werden. Zusätzlich prüft es wiederholend die aktuelle Notwendigkeit der Unterstützung der betreuten Person.[92]

Ist demnach ein Antrag für eine Betreuung eingegangen, muss geprüft werden, ob diese erforderlich ist. Die Hilfe soll IST-Stand bezogen stattfinden und beschränkt sich

---

[85] vgl. Vlasak (o.J.)a: 92
[86] Vlasak (o.J.)a: 92
[87] Nach BGB ist im Normalfall jeder Mensch, der das 18.Lebensjahr vollendet hat, geschäftsfähig. Unterschieden wird weiter die beschränkte Geschäftsfähigkeit im § 106 BGB, wobei Minderjährige nach Vollendung des siebten Lebensjahres betroffen sind, sowie die Geschäftsunfähigkeit im § 104 BGB. Hier heißt es, „Geschäftsunfähig ist wer nicht das siebente Lebensjahr vollendet hat [oder] wer sich in einem die freie Willensbestimmung ausschließenden Zustand krankhafter Störung der Geistestätigkeit befindet, sofern nicht der Zustand seiner Natur nach ein vorübergehender ist.“
[88] vgl. Vlasak (o.J.)a: 92
[89] vgl. Vlasak (o.J.)a: 92
[90] vgl. Vlasak (o.J.)a: 93
[91] vgl. Vlasak (o.J.)a: 92
[92] vgl. Vlasak (o.J.)a: 94

folglich auf erforderliche Bereiche.[93] Die Autorin Vlasak formuliert dementsprechend weiter, dass bei einer Anordnung „[...] der Fokus auf dem aktuellem Betreuungsbedarf und nicht auf der Schwere der Beeinträchtigung"[94] liege. Im § 1896 Absatz 2 BGB wird zudem geregelt, dass BetreuerInnen tatsächlich nur Unterstützung für den bestellten Aufgabenkreis leisten sollten, in dem die Betreuung notwendig ist.

Erwähnt wird, dass die betreute Person beispielsweise Familie, Freunde und Bekannte, die nicht zu den benannten Personen im § 1897 Absatz 3 BGB gehören, bevollmächtigen kann, seine Angelegenheiten zu regeln. Auf diese Weise wird keine vom Gericht bestimmte Unterstützung erforderlich.

BetreuerInnen sind demnach angewiesen, nur im Rahmen der bestimmten Aufgabenbereiche Unterstützung zu leisten. Doch diese Anordnung steht nicht alleine. Folglich ist es BetreuerInnen untersagt, weitere Personen mit zu betreuen, die mit dem Betreuten in Verbindung stehen.[95] Vlasak beschreibt, dass die Interessen des Betreuten und die einer weiteren Person nicht gleich sein können.[96] Benötigt beispielsweise eine Familienmutter eine Betreuung, so gilt diese Hilfe für Bereiche ihres Lebens und nicht für Angelegenheiten ihres Mannes oder ihres Kindes beziehungsweise ihrer Kinder. Eine Ausnahme bei dieser Anordnung ist, wenn die Anliegen unterschiedlicher Personen miteinander verbunden sind, wie es beispielsweise bei der Suche nach einer neuen gemeinsamen Wohnung der Fall wäre. BetreuerInnen eines Elternteils sind verpflichtet, nicht als Vormund für die Kinder zu agieren. Sie dürfen weiter keine Unterstützung für den Bereich der Elterlichen Sorge[97] veranlassen.[98]

Die Betreuung nach dem BtG sollte obendrein persönlich gestaltet sein. BetreuerInnen unterstützen betreute KlientInnen in persona, indem sie den betroffenen Menschen natürlich persönlich kennen und, wie in § 1901 Absatz 3 BGB beschrieben, Fragen, Probleme und Aufgaben von Person zu Person besprechen. Das bedeutet aber auch, dass hinter dem Rücken der betreuten KlientInnen nichts beschlossen werden darf.[99] BetreuerInnen sind angewiesen „[...] dem Betreuten auch dann eine selbst bestimmte Lebensführung zu[zu]gestehen, wenn diese mit seinen eigenen Überzeugungen nicht übereinstimmt."[100] Wünsche und Bedürfnisse müssen betrachtet werden, außer diese verstoßen gegen Gesetze oder würden das Wohl des betroffenen Menschen schädi-

---

[93] vgl. Vlasak (o.J.)a: 93
[94] vgl. Vlasak (o.J.)a: 94
[95] vgl. Vlasak (o.J.)a: 94
[96] vgl. Vlasak (o.J.)a: 94
[97] siehe Kapitel 4.3
[98] vgl. Vlasak (o.J.)a: 94
[99] vgl. Vlasak (o.J.)a: 95
[100] Vlasak (o.J.)a: 95

gen.[101] Doch BetreuerInnen müssen gegebenenfalls auch Situationen aushalten, in denen sich KlientInnen selbst schädigen. Hierunter sind Gegebenheiten mit ungesunder Ernährung, Extremsport oder der Konsum von legalen Drogen wie Nikotin und Alkohol zu verstehen. Dies wird als normale Selbstschädigung verstanden, die sich von einer Schädigung bedingt durch eine geistige oder seelische Behinderung oder gar einer lebensbedrohlichen Schädigung unterscheidet. Bei akuter Schädigung kann auch ohne Einwilligung des betreuten Menschen eine Unterstützung nach BtG angeordnet werden. Kompliziert formt sich allerdings diese 'Zwangsbetreuung'[102], denn in den Menschenrechten ist verankert, dass jeder Mensch das Recht auf Selbstbestimmung und somit auch auf Selbstschädigung hat.[103]

Generell kann formuliert werden, dass betreute KlientInnen das tun können, *„[...] was ein nicht unter Betreuung stehender Mensch auch tun darf"[104]* und dass ihre BetreuerInnen sie in ihrer rechtlichen Lebenslage, in bestimmten und vom Gericht angeordneten Bereichen, unterstützen.[105]
Die rechtliche Handlungsfähigkeit der betroffenen Menschen wird demnach auch nicht begrenzt, sodass dieser neben seiner zur Betreuung bestellten Person gesetzmäßig tätig sein kann. Befindet sich aber die betroffene Person oder sein Vermögen in Gefahr, so kann das Gericht einen Einwilligungsvorbehalt anordnen. Wie auch die Betreuung nach BtG ist der Einwilligungsvorbehalt IST-Stand bezogen.[106] Es muss demnach erkennbar sein, *„dass der Betroffene eine „selbstschädigende Handlung" ausführen wird."[107]* Die rechtliche Handlungsfähigkeit der KlientInnen wird in bestimmten Bereichen beschränkt, für den der Einwilligungsvorbehalt vorliegt. So ist der unter Betreuung stehende Mensch für diesen Bereich beschränkt geschäftsfähig.[108] Als Vorteil des Einwilligungsvorbehalts kann genannt werden, dass Verträge, die der Betroffene in Zeit seiner begrenzten Handlungsfähigkeit geschlossen hat, durch BetreuerInnen einfach für ungültig erklärt werden können.[109]

4.3 Elterliche Sorge

Nachdem im Vorfeld eine Auseinandersetzung mit der rechtlichen Betreuung stattfand, zeigt dieser Abschnitt die Elterliche Sorge auf und bietet weiterhin auch eine Betrach-

---

[101] vgl. Vlasak (o.J.)a: 95
[102] benannt nach Dröge (1997)
[103] vgl. Vlasak (o.J.)a: 96
[104] Vlasak (o.J.)a: 96
[105] vgl. Vlasak (o.J.)a: 96
[106] vgl. Vlasak (o.J.)a: 98
[107] Vlasak (o.J.)a: 98
[108] vgl. Vlasak (o.J.)a: 97
[109] vgl. Vlasak (o.J.)a: 98

tung in Hinblick auf die rechtliche Betreuung sowie diese verbunden mit dem Einwilligungsvorbehalt. Abschließend folgen eine Erläuterung einiger Merkmale der Erziehungs- und Aufsichtspflicht (4.3.1) sowie eine Erklärung der Haftpflicht (4.3.2).

Die Elterliche Sorge oder auch ‚Sorgerecht' ist in den §§ 1626-1689b im BGB verankert und bestimmt das rechtmäßige Verhältnis zwischen Eltern und ihrem minderjährigen Kind beziehungsweise ihren heranwachsenden Kindern. Es regelt ebenfalls Rechte und Pflichten der Mütter und Väter,[110] denn diese *„[...] stehen immer den leiblichen Eltern [...] gemeinsam zu, wenn diese verheiratet sind."*[111] Die Elterliche Sorge kommt der Mutter alleine zu, wenn sie mit dem Kindesvater nicht verheiratet ist. Doch dieser kann in die Elterliche Sorge einbezogen werden, indem die Mutter durch Abgabe einer Sorgeerklärung zustimmt oder sie den Bund der Ehe schließen.[112] Lehnt die Mutter ein gemeinsames Sorgerecht ab, so ist es dem Kindesvater seit Juli 2010 möglich, bei einem Familiengericht die Elterliche Sorge zu beantragen.[113] *„Das Gericht soll den Vorgaben zufolge beiden Eltern die Sorge übertragen – allerdings nur dann, wenn dies nicht dem Kindeswohl zuwiderläuft."*[114]
Die angesprochenen Rechte und Pflichten zur Fürsorge, Pflege und Erziehung sowie das Aufenthaltsbestimmungsrecht und die Aufsichtspflicht sind in § 1631 Absatz 1 BGB geregelt. In Absatz 2 des Paragraphen wird folglich bestimmt, dass Kinder *„[...] ein Recht auf gewaltfreie Erziehung* [haben und] *körperliche Bestrafungen, seelische Verletzungen und andere entwürdigende Maßnahmen [...] unzulässig"* sind. Weitere Normen der Elterlichen Sorge sind in § 1632 Absatz 2 BGB Umgangsbestimmungsrecht, § 1629 BGB Vertretung des Kindes sowie § 823 BGB Haftpflicht festgelegt. Zudem zählt die Vertretung des Kindes in finanziellen Angelegenheiten, also die Vermögenssorge, dazu.[115] Es gibt allerdings wiederum auch Pflichten, wie Schulpflicht und Umgangsrechte des Kindes, wo die sorgeberechtigten Personen keine Macht ausüben können.[116]

In § 1666 Absatz 1 BGB ist festgelegt, dass wenn *„[...] das körperliche, geistige oder seelische Wohl des Kindes oder sein Vermögen gefährdet* [ist] *und [...] die Eltern nicht gewillt oder nicht in der Lage* [sind], *die Gefahr abzuwenden, so hat das Familiengericht die Maßnahmen zu treffen, die zur Abwendung der Gefahr erforderlich sind."*

---

[110] vgl. Vlasak (o.J.)a: 102
[111] Vlasak (o.J.)a: 102
[112] vgl. Vlasak (o.J.)a: 102
[113] vgl. Sieloff (2012): 17
[114] Sieloff (2012): 17
[115] vgl. Vlasak (o.J.)a: 102
[116] vgl. Vlasak (o.J.)a: 103

Werden dem Gericht demnach gefährdende Umstände der Elterlichen Sorge bekannt, kann dieses in das Sorgerecht eingreifen. Die Interventionen sollten einfach und gering sein und sich in Möglichkeiten der Auflagen, Verwarnungen, Ermahnungen, Gebote und Verbote sowie dem Entzug des Aufenthaltsbestimmungsrechts, Umgangsbestimmungsrechts, Personensorge sowie der Vermögenssorge ausüben lassen.[117]

Unter den kurz angeschnittenen bedrohenden Faktoren, die dem Gericht bekannt werden, wird der Sorgerechtsmissbrauch der Eltern beispielsweise durch eine Misshandlung oder den Missbrauch des Kindes sowie auch die Vernachlässigung des Kindes bei Verwahrlosung, mangelnder Ernährung et cetera gemeint. Des Weiteren kann das unverschuldete Versagen der Eltern bei Kindeswohlgefährdung durch eine psychische Erkrankung oder extrem religiöse Einstellungen der Eltern benannt werden. Auch das Verhalten eines Dritten wird hier als gefährdender Umstand bestimmt.[118] Gemeint ist die *„Unfähigkeit, das Kind vor einem Dritten zu schützen, der das Kindeswohl verletzt, z.B. vor dem Lebensgefährten der Mutter."[119]*

Außerdem kann als Voraussetzung zum Eingriff in die Elterliche Sorge auch der Grund benannt werden, dass die sorgeberechtigten Eltern sich jeder Art der Unterstützung entziehen.[120] Doch nicht nur um in die Elterliche Sorge einzugreifen, sondern auch um diese komplett zu entziehen, muss nach § 1666a BGB eine ernste Gefahr für das Kindeswohl bestehen, die von den Hilfsangeboten der öffentlichen Jugendhilfe nicht behandelt werden kann beziehungsweise wo die Unterstützungsmaßnahmen schon ausgeschöpft wurden.

Bei Betrachtung der Elterlichen Sorge in Hinblick auf die Rechtliche Betreuung[121] stellt sich die Frage, ob beispielsweise eine Mutter mit geistiger Behinderung, die in bestimmten Bereichen rechtlich unterstützt wird, trotzdem ihr Sorgerecht ausüben kann beziehungsweise darf. Zu beantworten ist dieses schwierig, da Vlasak formuliert, dass *„das Gesetz [...] keine Einschränkung des elterlichen Sorgerechts wegen einer gerichtlich angeordneten Betreuung der Eltern vor*[sieht und weiter, dass] *Sorgerechtseingriffe [...] nur bei einer Kindeswohlgefährdung möglich und erlaubt"[122]* sind. Wie schon benannt, dient die rechtliche Betreuung der Verbesserung der aktuellen Situation und versucht während der Unterstützung nicht in die Rechte der betroffenen Personen ein-

---

[117] vgl. Vlasak (o.J.)a: 104
[118] vgl. Vlasak (o.J.)a: 103
[119] Vlasak (o.J.)a: 103
[120] vgl. Vlasak (o.J.)a: 105
[121] siehe Kapitel 4.2
[122] Vlasak (o.J.)a: 106

zugreifen. Die durch das Familiengericht veranlasste Intervention in die Elterliche Sorge kann auch als ein Eingriff verstanden werden - ein Eingriff in die natürlichen Rechte der sorgeberechtigten Eltern.

Weiter kann gefragt werden, ob sich der Einwilligungsvorbehalt[123] auf die Elterliche Sorge auswirkt. Doch wie auch die rechtliche Betreuung bezieht sich der Einwilligungsvorbehalt auf Rechte beziehungsweise zur Abwehr von Gefahren für die betreute Person und nicht für deren Kind oder Kinder.

4.3.1 Kriterien der Aufsichts- und Erziehungspflicht

Im Folgenden werden Gesichtspunkte zu Segmenten der Elterlichen Sorge, der Aufsichts- und Erziehungspflicht, genannt.

Im § 1 SGB VIII sind Elternverantwortung und das Recht auf Erziehung gesetzlich formuliert. Sorgeberechtigte Eltern oder gegebenenfalls sorgeberechtigte PflegerInnen oder der Vormund des Kindes stehen in der Pflicht, das Kind oder die Kinder zu beaufsichtigen und zu erziehen.

Doch sorgeberechtigte Personen müssen nicht beständig selbst die Aufsicht leisten. Diese kann durch einen Vertrag an weitere geeignete Menschen wie beispielsweise Pflegeeltern und nicht sorgeberechtigte Eltern bei der Wahrung ihres Umgangsrechts durch die faktische Personensorge gemäß § 1631 BGB, aber auch LehrerInnen und ErzieherInnen übertragen werden.

Kann aufgrund einer geistigen Behinderung der aufsichtspflichtigen Person der Pflicht nicht nachgekommen werden, so müssen professionelle Unterstützungsangebote entwickelt und eingesetzt werden, *„um das Kind vor Schande zu bewahren."*[124] Dementsprechend soll durch Hilfsmaßnahmen das Wohl des Kindes geschützt werden.

4.3.2 Haftpflicht

Auch hier findet eine Erläuterung eines Teiles der Elterlichen Sorge, der Haftpflicht, statt. Es soll so eine Erklärung abgeben werden, wer bei einem möglichen Schaden im Zusammenhang mit der Elterlichen Sorge zur Verantwortung gezogen werden kann.

„Die Haftpflicht der Eltern ergibt sich aus der Aufsichts- und Erziehungspflicht."[125]

---

[123] siehe Kapitel 4.2
[124] Vlasak (o.J.)a: 118
[125] Vlasak (o.J.)a: 118

Kommt eine aufsichtspflichtige Person ihrer Pflicht nicht nach und entsteht dadurch ein Schaden, der wiederum durch Erziehung der Eltern verhindert sein sollte, so muss diese den durch die Verletzung der Pflicht entstandenen Schaden gemäß § 832 BGB ersetzen.

4.4 Aspekte der professionellen Begleitung nach SGB

Im kommenden Abschnitt findet eine Beschreibung der rechtlichen Kriterien aus den Sozialgesetzbüchern (SGB) hinsichtlich der Unterstützung von Menschen mit geistiger Behinderung, die ein oder mehrere Kinder haben, statt.

Benötigen Familien, in denen ein oder beide Elternteile eine geistige Behinderung haben, einen Beitrag an Hilfe, so sollten sie mit der Jugend- und/ oder Eingliederungshilfe in Kontakt treten.

Mit der Hilfe zur Erziehung gemäß § 27 ff SGB VIII schafft die Jugendhilfe den sorgeberechtigten Müttern und Vätern eine Möglichkeit der Unterstützung. So beschreibt Absatz 1 des Paragraphen, dass ein Anspruch auf Hilfe besteht, *„[…] wenn eine dem Wohl des Kindes oder des Jugendlichen entsprechende Erziehung nicht gewährleistet ist und die Hilfe für seine Entwicklung geeignet und notwendig ist."* Weiter bietet der Paragraph im Absatz 2 Unterstützungen *„nach Maßgabe der §§ 28 bis 35"* an, wobei sich die Gewährung und nachfolgende Gestaltung der Hilfsmaßnahmen nach dem erzieherischen Bedarf im Einzelfall richten, wie die Erziehungsberatung gemäß § 28 SGB VIII, in der eine ratende Unterstützung zur Bearbeitung und Lösung von individuellen und familienbezogenen Problemen als Handlungsmöglichkeit angeboten wird.
Weiter wird im § 29 SGB VIII die soziale Gruppenarbeit beschrieben, die sich hauptsächlich auf ältere Kinder und Jugendliche bezieht. Diesen soll durch die soziale Gruppenarbeit die Möglichkeit geboten werden, eventuelle Verhaltensprobleme und Entwicklungsschwierigkeiten durch soziales Lernen in der Gruppe zu überwinden. Auch Hilfen gemäß § 30 SGB VIII unterstützen das Kind oder den Jugendlichen mit einem Erziehungsbeistand oder BetreuungshelferInnen bei der Entwicklung. Die §§ 32 SGB VIII Erziehung in einer Tagesgruppe sowie 33 SGB VIII Vollzeitpflege beziehen sich wieder auf Kinder und Jugendliche, wobei zum einen das soziale Lernen in der Gruppe stattfindet und zum anderen eine Verbesserung der Erziehungsbedingungen für die Kinder und Jugendliche erreicht werden soll. Nach § 35 SGB VIII soll Jugendlichen eine *„[…] sozialpädagogische Einzelbetreuung […] gewährt werden, die einer intensiven Unterstützung zur sozialen Integration und zu einer eigenverantwortlichen Lebensführung bedürfen."*

Die rechtlichen Grundlagen der stationären Hilfen sind in § 34 SGB VIII geregelt. Die Hilfe zur Erziehung findet in Form der Heimerziehung oder in sonstigen betreuten Wohnformen statt, mit den Zielen die Entwicklung der Kinder und Jugendlichen durch alltagserleben oder therapeutischen und pädagogischen Maßnahmen zu fördern sowie die Erziehungsbedingungen in der Herkunftsfamilie zu verbessern.

Die Sozialpädagogische Familienhilfe (SPFH) gemäß § 31 SGB VIII bezieht sich nicht nur auf Kinder, sondern die gesamte Familie steht im Fokus. Durch eine ambulante Unterstützung werden Familien beispielsweise bei der Bewältigung von Alltagsproblemen sowie im Kontakt mit Ämtern begleitet und sollen zur Selbsthilfe angeregt werden.

Der Aspekt der Eingliederungshilfe für Menschen mit geistiger Behinderung ist in den §§ 53–60 SGB XII gesetzesmäßig geregelt. § 53 Absatz 3 Satz 1 SGB XII macht deutlich, dass die *„[...] Aufgabe der Eingliederungshilfe ist [...], eine drohende Behinderung zu verhüten oder eine Behinderung oder deren Folgen zu beseitigen oder zu mildern und die behinderten Menschen in die Gesellschaft einzugliedern."* Weiter wird vermerkt, dass als Ziel die Partizipation am Leben der Gesellschaft erreicht werden soll, wozu unter anderem auch die Teilhabe im Berufsleben zählt.

Leistungen zur Teilhabe am Leben in der Gemeinschaft sind in den §§ 55–59 SGB IX rechtlich verankert. Speziell im § 55 Absatz 2 SGB IX werden Leistungen betitelt, die mit der Thematik des Kinderwunsches von Menschen mit geistiger Behinderung in Berührung stehen. Demnach findet eine Begleitung bei der Bildung und Förderung von Kompetenzen statt, die für die Teilhabe in der Gesellschaft wichtig sind. Des Weiteren sollen betroffene Familien zu einer selbstbestimmten Lebensführung in betreuten Wohnanlagen unterstützt und befähigt werden.

Neben den Angeboten gemäß der §§ 26, 33, 41, 55–59 SGB IX richten sich die Leistungen der Hilfe gemäß § 54 SGB XII auf die Sicherung der medizinischen Versorgung und Rehabilitation sowie zur Teilhabe am Arbeitsleben durch beispielsweise Hilfen zur Schul- und Ausbildung.

Werden aufgrund der Unterstützungsangebote das Kind oder die Kinder von ihren Eltern getrennt, demnach wo anders untergebracht, steht ihnen immer noch das Recht auf Umgang miteinander zu. Hierzu wird ein Antrag auf begleiteten Umgang, der neben dem Umgangsrecht auch den Schutz des Kindes wahrt, gemäß § 18 Absatz 3 SGB VIII gestellt und entweder vom Jugendamt oder durch eine familiengerichtliche Anordnung veranlasst. Die Eingliederungshilfe bietet in diesem Kontext eine Unterstützung und

Beratung für die Mütter und Väter und stellt sicher, dass das Umgangsrecht ausgeübt werden kann.[126]

4.5 Garantenpflicht

Im kommenden Abschnitt erfolgt eine kurze Erklärung der Garantenpflicht. Weiter wird ein Fallbeispiel vorgestellt, in dem die Mutter eine geistige Behinderung hat. So soll eine spezifischere Auseinandersetzung zur Aufgabenstellung der Bachelorthesis gewährleistet werden, um nachfolgend die Fragestellung zu beantworten, ob für einen durch Fehlverhalten der Eltern entstandenen Schaden am Kind MitarbeiterInnen der Sozialen Arbeit, die die Eltern mit geistiger Behinderung unterstützen, strafrechtlich zur Verantwortung gezogen werden können.

Eine Relevanz für die Bearbeitung dieses Themas bildet sich, denn *„in den letzten Jahren* [taucht der Begriff Garantenpflicht immer häufiger] *im Zusammenhang mit Gerichtsfällen* [auf], *bei denen MitarbeiterInnen der Jugendhilfe sich vor Gericht verantworten müssen für das Verhalten von Klienten, wenn durch dieses Verhalten beispielsweise ein Kind zu Schaden gekommen ist."*[127]

Gemäß § 13 StGB ist eine Person, ein Garant, einer anderen Person, also einem anderen Garanten, gegenüber verpflichtet. Diese Garantenstellung kann aufgrund eines familiären Verhältnisses, einer engen gemeinschaftlichen Beziehung oder einem vertraglichen Verhältnis entstanden sein. Weiter wird zwischen einem Beschützergaranten und einem Überwachungsgaranten unterschieden, welche doch oftmals durch dieselbe Person verkörpert werden.[128]

Die Autorin Vlasak weist in ihrer Literatur auf folgenden Fall hin, der bereits im Zentralblatt für Jugendrecht (ZfJ), 85. Jahrgang Nr. 9/98, S. 328ff publiziert wurde.

Jenny wurde im frühen Säuglingsalter durch ihre alleinerziehende geistig behinderte Mutter schwer misshandelt. Ein Krankenhausaufenthalt wurde notwendig. Der zuständige Sozialarbeiter aus dem Jugendamt bewirkte daraufhin die Unterbringung in einem Mutter-Kind-Heim. Doch er vergaß, dem durch den Umzug zuständige Jugendamt Informationen über die Misshandlungsproblematik mitzuteilen. Auch erwähnte er diese Fakten nicht bei MitarbeiterInnen des Mutter-Kind-Heimes. In diesem Zusammenhang vernachlässigte er seine Pflicht ebenfalls, als er keinen Kontakt zum Familiengericht aufnahm. Dieses hätte

---

[126] vgl. Vlasak (o.J.)a: 116
[127] Vlasak (2003)
[128] vgl. Vlasak (o.J.)a: 121

aufgrund der Misshandlung die Elterliche Sorge der Mutter einschränken müssen.

Zwei Jahre nach der Zuständigkeit des Jugendamtes starb Jenny.

Aufgrund des unterlassenen Kontaktes zum Familiengericht bezichtigt das Gericht dem Sozialarbeiter eine Mitschuld am Tot des Mädchens. In der Rechtsprechung durch das OLG Stuttgart vom 28.05.1998 heißt es, dass die Mitarbeiter von Jugendämtern als Beschützergaranten in der Pflicht stehen, das Wohl der von ihnen mitbetreuten Kinder zu schützen.[129]

Erkennbar wird durch den Fall ‚Jenny', dass sich MitarbeiterInnen der Sozialen Arbeit strafbar machen, wenn sie eine Handlung unterlassen, zu der sie verpflichtet wären. Beispielgebend zählt die unterlassene Hilfeleistung sowie die Vernachlässigung der Erziehungspflicht dazu.[130]

Personen, die durch ihre Profession die Verantwortung für das Handeln anderer Menschen übernehmen, sollten sich daher mit dem Begriff der Garantenpflicht auseinandersetzen.

Wie schon im Kapitel 4.4 Aspekte der professionellen Begleitung nach SGB aufgezeigt, stehen Jugend- und Familienhilfe in Verantwortung für den Kinderschutz. Das staatliche Wächteramt gemäß Artikel 6 Absatz 2 GG verpflichtet SozialarbeiterInnen im Jugendamt, zum Wohl des Kindes zu agieren.[131] Demnach muss jede in der Pflicht stehende Person einen Schaden für das Kind verhindern können. Zudem sollten Gefahren für das Kind thematisiert und die Vermeidung von Gefahrensituationen trainiert werden.[132]

5 Darstellung des Spannungsverhältnisses

Eine Erläuterung der Bereiche für die Soziale Arbeit sowie der Nennung der Rechtsgrundlagen zur Thematik um den Kinderwunsch bei Menschen mit geistiger Behinderung wurden in den vorigen Abschnitten der Bachelorthesis durchgeführt. Kommend soll das Verhältnis zwischen diesen Bereichen ermittelt, deklariert sowie beurteilt werden, um mögliche Ansatzpunkte für eine Veränderung benennen zu können.

---

[129] vgl. Vlasak (2003)
[130] vgl. Vlasak (2003)
[131] vgl. Vlasak (2003)
[132] vgl. Vlasak (o.J.)a: 121

Auf den ersten Blick lässt sich kein Spannungsverhältnis zwischen den Bereichen der Sozialen Arbeit und den rechtlichen Rahmenbedingungen feststellen. Die MitarbeiterInnen der Sozialen Arbeit unterstützen Eltern mit geistiger Behinderung durch eine individuell abgestimmte Begleitung und Beratung, die sich wiederum an den aufgeführten Paragraphen orientieren. Doch bei einer näheren Betrachtung der Bereiche in dieser Ausarbeitung sowie unter Bezug weiterer Literatur lassen sich folgende Aspekte verzeichnen:

Die in Kapitel 2.1 erwähnten Vorurteile gegen eine Elternschaft von Menschen mit geistiger Behinderung leiten die Einstellungen der Gesellschaft. Auch Einrichtungen der Behindertenhilfe lassen sich dadurch prägen. So kommt es immer wieder vor, dass sich Dienste und Institutionen mit dem Thema erst auseinandersetzen, wenn die Frau mit geistiger Behinderung schon schwanger ist. In diesem Bereich ist demnach Handlungsbedarf erforderlich. In den 90er Jahren wurde oftmals davon ausgegangen, dass Eltern mit geistiger Behinderung nicht in der Lage wären, ihr Kind oder ihre Kinder zu versorgen. Zur Folge hatten diese Gedanken eine Trennung von Eltern und Kind durch eine Fremdunterbringung der Kinder.[133]

Eine Orientierung an den Vorurteilen lässt sich auch bei Rechtsprechungen erkennen. Internationale Untersuchungen von Sorgerechtsverfahren belegten, dass Eltern mit einer geistigen Behinderung nicht nur im Vergleich zu ‚normalen' Eltern, sondern auch zu Eltern in ähnlichen Situationen, die beispielsweise suchtkrank oder psychisch erkrankt sind, benachteiligt werden.[134] National können keine Forschungen zu dieser Thematik verzeichnet werden. Auffallend sind Einzelfälle, in denen das Kind oder die Kinder gegen den eigenen Willen aus der Familie herausgenommen und fremduntergebracht wurden.[135]

Aus einer empirischen Studie von Rohmann geht hervor, dass im Zeitraum von 1998 bis 2003 in Deutschland 36 Fremdunterbringungen stattfanden. Auffallend ist, dass die Kinder von Menschen mit geistiger Behinderung bei dieser Maßnahme meist jünger sind, als Kinder von ‚normalen' Eltern.[136] Die Autorin Vlasak verstärkt diese Auffassung, indem sie bestätigt, dass eine Fremdunterbringung in diesem Fall schon oft direkt nach der Geburt vollzogen wird.[137] Als Grund wird oftmals weder eine mögliche Überforderung der Eltern, das denkbare Fehlen elterlicher Kompetenzen oder das viel-

---

[133] vgl. Lenz/Riesberg u.a. (2010): 25
[134] vgl. Pixa-Kettner (o.J.): 8
[135] vgl. Vlasak (o.J.)b: 41
[136] vgl. Rohmann (o.J.): 141
[137] vgl. Lenz/Riesberg u.a. (2010): 26

leicht unzureichende oder fehlende Unterstützungsangebot benannt.[138] Als ausschlaggebendes Argument wird die Diagnose der geistigen Behinderung gesehen.[139] Doch dies sollte keine rechtliche Begründung sein, denn es stelle eine Diskriminierung von Menschen mit geistiger Behinderung dar[140] und verstößt so gegen das Recht auf Gleichheit, das in Artikel 3 GG benannt wird. Die Argumentation ist demnach in Deutschland nicht zulässig.

Aus diesem Grund sind in den letzten Jahren immer wieder juristisch umstrittene Fälle in der Öffentlichkeit diskutiert wurden. Ein Beispiel ist der Fall der Familie Kutzner. Folgend findet eine kurze Darstellung des Falleispiels statt.

Herr und Frau Kutzner, beide geistig behindert, lebten mit ihren zwei nicht geistig behinderten Töchtern zusammen. Um bei der Erziehung der Kinder ein wenig Unterstützung zu bekommen, regte ihr Hausarzt an, Hilfe vom Amt zu beantragen. Daraufhin informierte die Frühförderung das Jugendamt. Eine Familienhelferin kam auf schnellstem Wege in die Familie und lieferte einen Bericht mit folgenden positiven Inhalten: In der Familie stehen die Kinder im Mittelpunkt und die Versorgung der Kinder mit Nahrung und Kleidung ist gesichert. Doch auch negative Aspekte kamen zum Ausdruck. So äußerte die Familienhelferin Zweifel, ob die Eltern aufgrund ihrer eigenen Defizite überhaupt in der Lage sind, ihre Kinder entsprechend zu versorgen. Sie fügte hinzu, dass Herr und Frau Kutzner sich selbst wie Kinder aufführen. Daraufhin wandte sich das Jugendamt an den „Verein für familienorientierte Sozialpädagogik", die sich der Meinung des Jugendamtes, dass die Eltern aufgrund ihrer intellektuellen Beeinträchtigung nicht fähig sind, die Versorgung der Kinder zu gewährleisten, anschlossen. Den Eltern wurde das Sorgerecht entzogen und die Kinder von ihren leiblichen Eltern getrennt. Die Kinder wurden zuerst in einem Heim untergebracht, nachfolgend getrennt voneinander in Pflegefamilien. Kurze monatige Besuchskontakte mit ihren leiblichen Eltern fanden unter dem Aspekt der Wahrung des Umgangsrechtes statt. Herr und Frau Kutzner legten Einspruch gegen den Beschluss des Sorgerechtsentzuges und der Fremdunterbringung ein.[141] Nach einem fünfjährigen Prozessmarathon urteilte der europäische Gerichtshof für Menschenrechte, dass Familie Kutzner ein Unrecht geschehen ist und prüfte zugleich, ob die betroffenen deutschen Gerichte gegen die EMRK verstoßen haben. Es wurde eine Missachtung des Artikels 8 EMRK festgestellt. Die Unter-

---

[138] vgl. Rohmann (o.J.): 144
[139] vgl. Rohmann (o.J.): 133
[140] vgl. Vlasak (o.J.)a: 124
[141] vgl. Peters (2006)

bringung der Kinder lässt sich nicht durch das Argument, dass sie dort in einem für ihre Erziehung günstigeren Umfeld seien, rechtfertigen.[142]

Die Töchter leben wieder bei ihren Eltern. Regelmäßige Besuche bei den Pflegeeltern finden statt.[143]

Im Fallbeispiel wird die geistige Behinderung als Kriterium für die Fremdunterbringung genutzt. Den Eltern mit geistiger Behinderung werden beide Töchter entzogen, mit der Begründung, sie seien intellektuell nicht in der Lage, ihre Kinder großzuziehen. Doch der europäische Gerichtshof für Menschenrechte entscheidet nach einem langjährigen Prozess zugunsten der Eltern und die Kinder kommen nach einigen Jahren zurück.

Durch die im Fallbeispiel vollzogene *„Eltern-Kind-Trennung ohne Nachweis einer Kindeswohlgefährdung"[144]* wird die Problematik aufgezeigt, dass in Bezug auf die Rechtsprechung eine Diskriminierung der Menschen mit geistiger Behinderung zu verzeichnen ist. Wegweisend für weitere Beschlüsse sollte die Auffassung sein, dass *„[...] für ein Sorgerechtsverfahren [...] nicht die Behinderung der Eltern, sondern das Wohl des Kindes"[145]* entscheidend ist. An Eltern mit einer geistigen Behinderung dürfen daher keine anderen Maßstäbe angelegt werden, denn sie haben dasselbe Recht wie ‚normale' Menschen. Der Autor Lencker spricht in diesem Zusammenhang von drei ‚Prinzipien' der juristischen Betrachtungsweise, die schon im Abschnitt 4.1. der Arbeit vorgestellt wurden. Es gilt, dass alle Menschen vor dem Gesetz gleich sind, niemand wegen einer Behinderung benachteiligt werden darf und dass jeder Mensch das Recht auf die freie Entfaltung seiner Persönlichkeit hat. Das heißt, jede Person, ob mit oder ohne geistige Behinderung, hat das Recht, die eigene Sexualität auszuleben, das Recht, eigene Kinder zu haben sowie das Recht, Eltern zu sein.[146] Nur eine *„[...] Gefährdung des Kindes ist der zentrale Einwand gegen das Recht auf Elternschaft von Menschen mit geistiger Behinderung."[147]*

Eltern mit geistiger Behinderung gelten als die am härtesten überprüften Eltern in der Gesellschaft, denn sie stehen oft unter massiver Beobachtung durch Menschen aus ihrem persönlichen Umfeld sowie durch MitarbeiterInnen von Ämtern und ähnlichen Einrichtungen. Ihre Lebenssituation rückt in die Öffentlichkeit, wo ihre elterlichen Kompetenzen beurteilt werden.[148]

---

[142] vgl. Vlasak (o.J.)a: 125
[143] vgl. Peters (2006)
[144] vgl. Pixa-Kettner (2008):131
[145] Vlasak (o.J.)a: 125
[146] vgl. Lencker (o.J.): 169
[147] vgl. Sanders (o.J.): 161
[148] vgl. Rohmann (o.J.): 151

Im Fallbeispiel mussten Herr und Frau Kutzner monatlich rund 200 DM für die ungewollte Fremdunterbringung zahlen. Zusätzlich unterstützte das Jugendamt die Pflegeeltern monatlich mit rund 7000 DM.[149] Die Autorin Peters provoziert, dass sich Familie
Kutzner von dem Geld PrivatlehrerInnen für die Kinder hätte leisten können. In diesem
Zusammenhang macht sie deutlich, dass beim Fall der Familie Kutzner schließlich nur
eine geistige Abstumpfung der Töchter verhindert werden sollte.[150]

Die regelmäßigen Besuche der Kinder bei ihren Pflegeeltern werden auch durch das
Jugendamt finanziert. So finden dort Ausflüge in Freizeitparks, kurze Urlaube in Form
von Städtetrips und ähnliche Angebote statt, die Familie Kutzner sich aufgrund ihrer
finanziellen Lage nicht leisten könnte.[151]

Eine Problematik kann in diesem Zusammenhang zu den Bereichen der Sozialen Arbeit erfasst werden. Warum hat das Jugendamt so früh und zugleich so ‚hart' eingegrif-
fen? Gab es eine gezielte Vorbereitung auf die anstehende Fremdunterbringung? Hätte die Soziale Arbeit Familie Kutzner in diesem Zeitpunkt nicht begleiten und unterstützen sollen? Die Autoren um Lenz und Riesberg weisen in ihrer Literatur darauf hin,
dass eine Fremdunterbringung oftmals nicht einfühlsam und sehr plötzlich geschieht.
Weder die Eltern noch die Kinder werden im Vorfeld darüber informiert.[152] Doch welche
anderen Möglichkeiten im Gegensatz zur Fremdunterbringung gibt es? Hätten beispielsweise weitere FamilienhelferInnen in der Familie eingesetzt werden können, um
unabhängig von dem schon vorhandenen Bericht ihre eigene fachliche Meinung zur
aktuellen Situation zu schildern. Schon im Vorfeld hätte die Jugendhilfe durch die
SPFH weitere Maßnahmen gemäß § 31 SGB VIII gewährleisten müssen. Dementsprechend könnte beispielsweise eine ambulante Unterstützung die Familie bei der Bewältigung von Alltagsproblemen begleiten und sie zur Selbsthilfe anregen.

Des Weiteren müssen die stationären Angebote betrachtet werden. Als schnelles
Hilfsangebot kann eine Leistung der stationären Eingliederungshilfe gemäß §§ 53, 54
SGB XII sowie der ambulanten Jugendhilfe gemäß §§ 27, 31 SGB VIII benannt wer-
den. Neben der stationären Unterbringung finden regelmäßige Kontakte zur SPFH in
der stationären Einrichtung statt, die Hilfe zur Erziehung leisten. Langfristig angelegte
Unterstützungen bieten Angebote der stationären Kindereinrichtung der Jugendhilfe
gemäß §§ 27, 34 SGB VIII und der ambulanten Eingliederungshilfe gemäß §§ 53, 54
SGB XII[153] sowie Leistungen der stationären Kindereinrichtung der Jugendhilfe gemäß

---

[149] vgl. Peters (2006)
[150] vgl. Peters (2006)
[151] vgl. Peters (2006)
[152] vgl. Lenz/Riesberg u.a. (2010): 90
[153] vgl. Vlasak (o.J.)b: 42

§§ 27, 34 SGB VIII und der stationäre Eingliederungshilfe gemäß § 53 SGB XII.[154] Weitere Unterstützungsangebote sind Hilfen zur Erziehung gemäß § 27 Absatz 2 SGB VIII, die bereits im Kapitel 4.4 der Arbeit vorgestellt wurden.

Auch eine ‚freiwillige' Trennung von Eltern und Kind ist möglich. Benannt ist diese Maßnahme als Pflegefamilie für Kind und Eltern. Die Hauptverantwortung für die Erziehung liegt hier bei der Pflegefamilie. Dennoch findet ein regelmäßiger Kontakt zwischen den leiblichen Eltern und ihrem Kind beziehungsweise ihren Kindern sowie mit der Pflegefamilie statt. Um einem möglichen Konkurrenzdenken zwischen den Menschen mit geistiger Behinderung und den Pflegeeltern entgegenzuwirken, sollte eine entsprechende Begleitung durch MitarbeiterInnen der Sozialen Arbeit umgesetzt werden.[155]

Doch es treten immer wieder Unstimmigkeiten bei den Zuständigkeiten in Bezug auf die gerichtlichen Verfügungen auf. *„Seit 15 Jahren entscheiden Sozial- und Verwaltungsgerichte uneinheitlich über Finanzierungs- und Zuständigkeitsstreitigkeiten, die zwischen dem Jugend- und dem Sozialamt ausgekämpft werden."*[156] So entscheiden die Gerichte einmal, dass die Jugendhilfe für die Unterstützung zuständig ist, weil durch die Behinderung der Eltern eine Sicherung des Kindeswohls nicht immer gewährleistet werden kann und beim anderen Mal, dass die Eingliederungshilfe tätig werden muss, damit ein durch die geistige Behinderung verursachter Schaden kompensiert werden kann.[157]

Im § 19 Absatz 1 SGB VIII ist geregelt, dass *„Mütter oder Väter, die allein für ein Kind unter sechs Jahren zu sorgen haben, [...] gemeinsam mit dem Kind in einer geeigneten Wohnform betreut werden* [sollen]*, wenn und solange sie auf Grund ihrer Persönlichkeitsentwicklung dieser Form der Unterstützung bei der Pflege und Erziehung des Kindes bedürfen. [...]"* Es soll verdeutlicht werden, dass es in den rechtlichen Grundlagen der Bundesrepublik Deutschland keine Regelung für eine gemeinsame stationäre Unterstützung von beiden Elternteilen mit ihrem Kind beziehungsweise ihren Kindern gibt. Der aufgeführte Paragraph formuliert, dass entweder Mütter oder Väter das Angebot einer stationären Wohneinrichtung annehmen dürfen.
In der Sozialen Arbeit lassen sich oftmals nur Mutter-Kind-Einrichtungen finden, bei denen die Väter zurückgelassen werden. Die Autorin Bargfrede zeigt auf, dass diese

---

[154] vgl. Vlasak (o.J.)b: 43
[155] vgl. Vlasak (o.J.)b: 43
[156] Vlasak (o.J.)b: 44
[157] vgl. Vlasak (o.J.)b: 44

Situation den Grundsätzen des Sozialstaates Deutschland widerspricht.[158] Es verstößt ebenso gegen das in Artikel 3 Absatz 3 Satz 3 GG geregelte Benachteiligungsverbot von Menschen mit geistiger Behinderung. Auch müssen viele Familien dieser Personengruppe ihr soziales Umfeld für eine angemessene Unterstützung verlassen. Eine ausreichende Versorgungslage ist daher nicht zu verzeichnen. Es müssen Unterstützungsangebote entwickelt werden, bei denen keine Trennung von Eltern mit geistiger Behinderung und ihrem Kind beziehungsweise ihren Kindern stattfinden.[159]

Auch im Umgang mit dem Kinderwunsch von Menschen mit geistiger Behinderung[160] treten Kontraste im Bereich der Sozialen Arbeit auf. Für die Personengruppe ist es nicht leicht, die Äußerung zu machen, sich ein eigenes Kind zu wünschen. Die Gesellschaft sieht es als großes Tabu an. Eine Enttabuisierung und Sensibilisierung zu der Thematik fehlt. Es müssen Vorurteile abgebaut werden. Zudem muss eine Akzeptanz des Wunsches stattfinden. Dies ist auch in den Bereichen der Sozialen Arbeit wichtig. Das Bedürfnis Eltern zu werden muss von den MitarbeiterInnen der Sozialen Arbeit angenommen werden. Sie sollten die Menschen mit geistiger Behinderung in ihrem Wunsch unterstützen. Als prekär in der Sozialen Arbeit kann die Einstellung der MitarbeiterInnen selbst genannt werden. Können SozialpädagogInnen/ SozialarbeiterInnen den Kinderwunsch von Menschen mit geistiger Behinderung akzeptieren, wenn ihre persönliche Meinung gegen eine Schwangerschaft bei dieser Personengruppe spricht? Doch auch für die Zeit vor einer möglichen Schwangerschaft lassen sich negative Aspekte benennen. Menschen mit geistiger Behinderung wird oftmals eine Auseinandersetzung mit der Thematik verwehrt. Es fehlt an Angeboten die dieses ermöglichen und zusätzlich eine sexualpädagogische Aufklärung leisten.

Für Familien mit geistiger Behinderung, bei denen entweder ein oder beide Elternteile eine Behinderung haben, ist die Situation diffus. Es gibt eine Fülle an gesetzlich verankerten Hilfsmaßnahmen, die oft zu wenig bekannt sind. Es fehlt eine Aufklärung der Eltern mit geistiger Behinderung über ihre Rechte und Pflichten[161] und eine Darstellung der einzelnen Unterstützungsangebote bei den Leistungsträgern sowie deren MitarbeiterInnen.[162]

---

[158] vgl. Bargfrede (o.J.): 299
[159] vgl. Bargfrede (o.J.): 299
[160] siehe Kapitel 3.1
[161] vgl. Pixa-Kettner (2008):281
[162] vgl. Vlasak (o.J.)b: 44

Als weitere Diskrepanz kann die Störung der Eltern-Kind-Beziehung durch behördliche Eingriffe[163] und die damit verbundene vielfältige Einflussnahme auf die Mutter durch MitarbeiterInnen verschiedener Institutionen, ÄrztInnen, Schwangerschaftskonfliktbera-terInnen oder Personen aus dem nahen Umfeld benannt werden.[164]

Die Autorin Vlasak erwähnt in ihrer Literatur, unter der Betrachtung der Thematik um den Kinderwunsch von Menschen mit geistiger Behinderung, Patenschaftsprojekte als mögliche Hilfsmaßnahme. Derzeit sind diese vorwiegend in der Arbeit mit Eltern mit einer psychischen Beeinträchtigung zu finden. Die Autorin Vlasak zieht diese Projekte auch für die Arbeit mit Eltern mit geistiger Behinderung in Erwägung. Vorrangig muss eine Überlegung angestellt werden, ob und wie die vorhandenen Kenntnisse aus der Projektarbeit auf die Personengruppe übertragen werden können.[165]

6 *„Als ich Kind war…"* – Betrachtung einer Erhebung über die Situation als Kind von Eltern mit geistiger Behinderung

Zum Abschluss der inhaltlichen Auseinandersetzung mit der Thematik um den Kinder-wunsch von Menschen mit geistiger Behinderung erfolgt nun ein kurzer Ausblick auf die Situation, wenn die Kinder erwachsen geworden sind.

Internationale Studien weisen nur bescheidene Aspekte der Situation von Kindern von Menschen mit geistiger Behinderung auf. Nationale Studien lassen sich nicht verzeich-nen.[166] Auf dieser Grundlage explorierte der Autor Prangenberg. Unter dem Titel *„Zur Lebenssituation von Kindern, deren Eltern als geistig behindert gelten"* untersuchte er im Jahr 2003 die Lebens- und Entwicklungssituation der Kinder. Wider- oder belegt sollte die These werden, dass Menschen mit geistiger Behinderung nicht in der Lage seien, ihren elterlichen Pflichten nachzukommen.[167] Er erkundigte sich bei fünfzehn schon erwachsen gewordenen Kindern durch biografische Interviews. Anhand der Leit-frage, wie sie ihre Kindheit als Kinder geistig behinderter Eltern erfahren haben,[168] gab

---

[163] vgl. Pixa-Kettner (2008):131
[164] vgl. Pixa-Kettner (2008):159
[165] vgl. Vlasak (o.J.)b: 44
[166] vgl. Prangenberg (2003): 15
[167] vgl. Prangenberg (2003): 19
[168] vgl. Prangenberg (2003): 16

die Personengruppe einen Rückblick auf Etappen ihrer Kindheit, der Jugendzeit sowie des Erwachsensein und gestattete so einen Einblick in das Familienleben.[169]

In Anknüpfung an einen Aufsatz[170] von dem Autor Prangenberg über seine Erhebung werden im kommenden Abschnitt einige Ergebnisse vorgestellt.

Die Rolle der Mutter oder des Vaters mit geistiger Behinderung wird oftmals als ‚ewiges Kind' bezeichnet. Der Autor Prangenberg vermerkt, dass die Eltern keine zentrale oder tragende Funktion in Bezug auf die Erziehung der Kinder oder im Familienalltag haben. In einem Interview wird das Thema Zuneigung zu den eigenen Kindern aufgegriffen. Berichtet wird, dass die Großmutter, die inzwischen die Erziehung der Kinder übernahm, ihrer Tochter mit geistiger Behinderung das Ausdrücken von Zuneigung und Zärtlichkeiten bei ihren eigenen Kindern untersagte. Weiter betrachtet sie ihre Tochter eher als Haushaltshilfe. Diese entmündigende Situation nimmt den Kindern die Anerkennung und den Respekt gegenüber ihrer Mutter mit geistiger Behinderung.[171]

Eine Auseinandersetzung und die Realisierung der geistigen Behinderung der Eltern ereignen sich zu Beginn der Schulzeit. Durch die neuen sozialen Kontakte werden die Kinder mit anderen Formen von Familienleben konfrontiert, womit nicht die geistige Behinderung der Eltern selbst, sondern die Lebens-, Alltags- und Familiensituationen gemeint sind.[172] Zugleich erinnern sich die befragten Personen in ihren Interviews, dass sie sich erstmals in Traumwelten zurückzogen, in der sie von einer besseren Familie träumten, da sie Scham über die Situation erfanden.[173] Weiter wollten sie über „besonders gute Schulleistungen [...] vermeiden, negativ aufzufallen."[174]

Auch im Jugendalter hielten diese Vorsätze an. Sie selbst beschreiben diese Phase als die ‚schwierigste Zeit' in ihrem Leben, denn zu der Situation zu Hause kam die Auseinandersetzung mit der eigenen Person.[175]

Im Erwachsenenalter erfuhr die Personengruppe einen Rollentausch, indem sie die Verantwortung für ihre Eltern mit geistiger Behinderung übernahmen.[176] Die fehlende Funktion der Eltern musste durch den Rollentausch von Mutter und/ oder Vater und

---

[169] vgl. Prangenberg (o.J.): 197
[170] Prangenberg (o.J.) erschienen in Pixa-Kettner (2008) (Hrsg.)
[171] vgl. Prangenberg (o.J.): 200
[172] vgl. Prangenberg (o.J.): 203
[173] vgl. Prangenberg (o.J.): 204
[174] vgl. Prangenberg (o.J.): 205
[175] vgl. Prangenberg (o.J.): 206
[176] vgl. Prangenberg (o.J.): 208

Kind beziehungsweise Kindern kompensiert werden.[177] Oftmals zog die Mutter oder der Vater bei den nicht geistig behinderten Kindern ein. Eigene Bereiche in der Wohnung beziehungsweise im Haus der Kinder wurden bereitgestellt. Doch auch Unterbringungen der eigenen Eltern mit geistiger Behinderung in Wohnheimen oder anderen betreuten Wohnformen lassen sich verzeichnen.[178]

In einem Interview wird die geistige Behinderung der Mutter als lebensbegleitendes Thema bezeichnet, denn es ist verbunden mit Angst vor der eigenen Familiengründung. Die Sorge um eine mögliche Vererbung der Behinderung der Mutter sowie die Annahme, die Mutter fehle in der typischen Großmutterfunktion, beeinflussten die Planung des Familienlebens.[179]

Um an die formulierte These anzuknüpfen, kann unter Einbezug der aktuellen Lebenssituation als erwachsene Kinder von Menschen mit geistiger Behinderung formuliert werden, dass nur selten die geistige Behinderung der Eltern ein Problem darstellt.[180] Der Autor Pangenberg weist daraufhin, dass es vielmehr die Rahmenbedingungen, *„wie die sozioökonomische Situation der Familien* [sowie] *die Diskriminierungen durch das Umfeld"*[181] sind. Es zeigt sich, dass Unterstützungen im überforderten betreuenden familiären Umfeld erforderlich gewesen wären.[182]

Unterschiedliche Erfahrung der InterviewpartnerInnen können zudem resümiert werden. Zum einen leiden die Betroffenen unter ihrer Lebensgeschichte und können sich nur mühsam von ihrer Vergangenheit lösen. Sie fühlen sich dementsprechend an ihren Grenzen angekommen. Zum anderen werden zwar die Belastungen erkannt, die allerdings zu einer positiven Einstellung zu der Thematik Kinderwunsch bei Menschen mit geistiger Behinderung führen. Weiter wird eine Haltung entwickelt, um sich weiteren Herausforderungen zu stellen.[183]

---

[177] vgl. Prangenberg (o.J.): 210
[178] vgl. Prangenberg (o.J.): 209
[179] vgl. Prangenberg (o.J.): 210
[180] vgl. Prangenberg (o.J.): 212
[181] vgl. Prangenberg (o.J.): 213
[182] vgl. Prangenberg (o.J.): 213
[183] vgl. Prangenberg (o.J.): 198

7 Fazit

Das letzte Kapitel der Bachelorthesis behandelt eine Zusammenfassung der Arbeitser-gebnisse und eine Stellungnahme zur Thematik um den Kinderwunsch bei Menschen mit geistiger Behinderung.

Das Streben nach Normalisierung und Selbstbestimmung können als Antrieb für einen Kinderwunsch bei Menschen mit geistiger Behinderung verzeichnet werden. Sie wün-schen sich durch ein eigenes Kind beziehungsweise durch eigene Kinder, durch die eigene Familie, Anerkennung in der Gesellschaft zu erlangen und als ‚normal' zu gel-ten.

Schon seit ihrer eigenen Kindheit wird die Angelegenheit um eine Familienplanung bei Menschen mit geistiger Behinderung verleugnet, was eine Diskriminierung dieser Per-sonengruppe zur Folge hat. Ihnen wird keine Möglichkeit gegeben, sich mit dem The-ma auseinanderzusetzen, um so eine eigene Stellung zu entwickeln, obwohl sie ge-mäß Artikel 23 UN-BRK ein Recht auf Informationen haben.

Äußern Menschen mit geistiger Behinderung dennoch den Wunsch nach einer eigenen Familie, muss dieses Begehren sowohl von den Personen aus ihrem nahen Umfeld, wie beispielsweise die Eltern und Geschwister, sowie von MitarbeiterInnen der Sozia-len Arbeit akzeptiert und Möglichkeiten entwickelt werden, damit die Menschen mit geistiger Behinderung ihren Wunsch ausleben können.

In der aufgegriffenen Studie von Pixa-Kettner, Bargfrede u.a. zur Lebenssituation von Eltern mit geistiger Behinderung und ihren Kindern wurde ermittelt, dass 2005 nur noch rund sechs Prozent der Elternschaften mit geistiger Behinderung in stationären Einrich-tungen leben. Etwa zwei Drittel der Familien leben zusammen in einer eigenen Woh-nung und knapp die Hälfte der Familien erhalten ambulante Unterstützung.

Unterstützungsmöglichkeiten durch die Soziale Arbeit bieten sich in unterschiedlichen Wohnformen an. Sie zielen auf die Förderung der elterlichen Kompetenz und Stabilisie-rung der Eltern-Kind-Beziehung. Die Hilfe durch die Maßnahmen der Sozialen Arbeit erfolgen orientiert an dem IST-Stand der Familie beziehungsweise den Familienmit-gliedern und arbeiten auf die Befähigung zur Selbsthilfe hin. Freiwilligkeit ist in diesem Zusammenhang ein wichtiger Aspekt im Unterstützungsverfahren, um den Hilfeprozess gemeinsam gestalten zu können und zu gewährleisten, das eine Sicherung des Wohl des Kindes stattfindet.

In Deutschland hat sich im Jahr 2002 die BAG: „Begleitete Elternschaft" aus mehreren Institutionen, Trägern und Projekten gegründet, die seitdem als Unterstützungsangebot für Familien, in denen ein oder beide Elternteile eine geistige Behinderung haben, tätig ist. Sie bieten individuelle begleitende, beratende und unterstützende Maßnahmen um das Zusammenleben von Eltern und ihrem Kind beziehungsweise ihren Kindern zu ermöglichen. Es findet eine Förderung der Erziehungskompetenzen der Eltern sowie die (Weiter-)Bildung von Fähigkeiten zur Selbst- und Versorgung des Kindes statt, um betreuungsarme oder betreuungslose Perspektive entwickeln zu können. Zusätzliche soll das Thema Kinderwunsch beziehungsweise Elternschaft von Menschen mit geistiger Behinderung in der Öffentlichkeit kundig gemacht werden. Die Autorin Bargfrede formuliert, dass durch die BAG: „Begleitete Elternschaft" die Möglichkeit besteht, die Interessen dieser Personengruppe bundesweit zu artikulieren.[184]

Im GG der Bundesrepublik wird geregelt, dass jeder Mensch, ob mit oder ohne geistige Behinderung, das Recht auf die freie Entfaltung der Persönlichkeit nach Artikel 2 GG hat und alle Menschen gemäß Artikel 3GG vor dem Gesetz gleich sind. Auch in der UN-BRK im Artikel 23 wird die Emanzipation angesprochen. Doch diese gesetzlich geregelte Gleichberechtigung findet keine genaue Umsetzung in der Gesellschaft. Oftmals werden Menschen mit geistiger Behinderung benachteiligt. Speziell in Bezug auf einen Kinderwunsch und die damit verbundene Elternschaft von Menschen mit geistiger Behinderung lassen sich unkorrekte Entscheidungen in Rechtsprechungen finden. Es wurden Eingriffe in die Elterliche Sorge oder sogar Trennungen der Kinder von ihren Eltern aufgrund der Behinderung der Eltern selbst durchgeführt, obwohl die Familie gemäß Artikel 6 GG geschützt und ein Eingriff nur wegen einer Gefährdung des Kindeswohls erlaubt ist. Auch in der EMRK ist geregelt, dass ein Eingriff nur zum Schutz der Gesundheit anderer Familienmitglieder vollzogen werden darf.
Die Elterliche Sorge richtet sich an die leiblichen Eltern und formuliert ihre Rechte und Pflichten. Eine Einschränkung oder die Entziehung des ‚Sorgerechts' darf erst vollzogen werden, wenn eine ernsthafte Bedrohung für das Kindeswohl besteht und alle möglichen Angebote der Sozialen Arbeit nach SGB ausgeschöpft sind. Denn ein Eingriff in die Elterliche Sorge ist immer ein Eingriff in die natürlichen Rechte der Eltern.

Des Weiteren kann benannt werden, dass Vorurteile gegen eine Elternschaft von Menschen mit geistiger Behinderung existieren. Beispiele, wo diese auch in rechtliche Entscheidungen mit einbezogen werden, lassen sich finden. Diese Annahmen, wie bei-

---

[184] vgl. Bargfrede (o.J.): 298

spielsweise die Vermutung das Menschen mit geistiger Behinderung nicht in der Lage seien, ein Kind groß zu ziehen, bestehen gegenwärtig immer noch.

Ziel der Bachelorthesis war es, die Bereiche der Sozialen Arbeit, vor allem das gegenwärtige Unterstützungsangebot, sowie die rechtlichen Grundlagen, unter dem Aspekt, ob Menschen mit geistiger Behinderung überhaupt ein Recht auf eigene Kinder haben beziehungsweise ob es rechtliche Probleme für Menschen mit einer geistigen Behinderung in Hinblick auf einen Kinderwunsch geben könnte, zu untersuchen. Die versteckte Fragestellung kann wie folgt beantwortet werden: Ja, Menschen mit geistiger Behinderung haben, genauso wie Menschen ohne Behinderung oder Menschen mit einer körperlichen Behinderung oder psychischen Erkrankung, das Recht auf ein eigenes Kind beziehungsweise eigene Kinder und somit auf eine eigene Familie. Rechtliche Probleme gestalten sich nicht.

Des Weiteren sollte das Verhältnis zwischen der Sozialen Arbeit und den Rechtsgrundlagen aufgefasst, benannt und beurteilt werden. Die Soziale Arbeit unterstützt Eltern mit geistiger Behinderung durch Angebote in Form der Begleitung und Beratung gemäß der aufgeführten Paragraphen der SGB, um das Wohl des Kindes beziehungsweise der Kinder zu sichern. Es lässt sich demnach kein klares Spannungsverhältnis zwischen den Bereichen der Sozialen Arbeit und den rechtlichen Grundlagen erkennen. Problematiken tauchen eher in den einzelnen Bereichen selbst auf. Beispielsweise werden Gerichtsbeschlüsse getroffen, die gegen die Rechte der Personengruppe verstoßen oder es werden Angebote der Sozialen Arbeit entwickelt, die aber nicht ausreichend oder ungenügend orientiert sind, und so das Wohl des Kindes nicht sichern können.

Durch die im letzten Abschnitt der Bachelorthesis vorgestellten Erhebung zur Situation von Kindern von Menschen mit geistiger Behinderung wurde ein Einblick gegeben, mit welchen Problemen die Kinder zu kämpfen hatten beziehungsweise woran sie sich noch gerne zurück erinnern. Die InterviewpartnerInnen erlebten verschiedene Erfahrungen, die sie zu unterschiedlichen Positionen führten. Einige fühlen sich durch ihre Erlebnisse bestärkt, andere hingegen ausgelaugt und an den eigenen Grenzen angekommen.

Doch zusammenfassend und auch abschließend für diese Arbeit kann formuliert werden, dass eine geistige Behinderung der Eltern kein Problem in der Erziehung, in der Mutter-Kind-Beziehung sowie bei der Bildung und anschließender Umsetzung der elterlichen Kompetenzen darstellt. Schwierigkeiten zur Sicherung des Kindeswohls lösen eher von der Umwelt beeinflusste Bedingungen aus.

8 Quellenangaben

Achilles, Ilse (2010): „Was macht ihr Sohn denn da?" Geistige Behinderung und Sexualität. 5. Auflage. München, Basel: Reinhardt Verlag

Bargfrede, Stefanie (o.J.): Unterstützungsmöglichkeiten für Eltern mit geistiger Behinderung in Deutschland. In: Pixa-Kettner, Ursula (2008) (Hrsg.): Tabu oder Normalität? Eltern mit geistiger Behinderung und ihre Kinder. 2.Auflage. Heidelberg: Universitätsverlag Winter GmbH

Dröge (1997): Die Zwangsbetreuung. Hamburg: Verlag Dr. Kovac

Greving, Heinrich/ Niehoff, Dieter (2005) (Hrsg.): Praxisorientierte Heilerziehungspflege. Bausteine der Didaktik und Methodik. 2. Auflage. Troisdorf: Bildungsverlag EINS

Groß, Jessica (1999): Kinderwunsch und Sterilität. Zur Motivation des Kinderwunsches bei Sterilitätspatientinnen. Giessen: Psychosozial-Verlag

Hähner, Ulrich (1997): Begleiten von Paaren. In: Hähner, Ulrich/ Niehof, Ulrich/ Sack, Rudi/ Walther Helmut (1997): Vom Betreuer zum Begleiter: Eine Neuorientierung unter dem Paradigma der Selbstbestimmung. Marburg: Bundesvereinigung Lebenshilfe für Menschen mit geistiger Behinderung

Hennies, Irina & Sasse, Martina (o.J.): Liebe, Partnerschaft, Ehe und Kinderwunsch bei Menschen mit geistiger Behinderung. In: Wüllenweber, Ernst (2004) (Hrsg.): Soziale Probleme von Menschen mit geistiger Behinderung. Fremdbestimmung, Benachteiligung, Ausgrenzung und soziale Abwertung. Stuttgart: Kohlhammer

Klusmann, Dietrich (1989): Methoden zur Untersuchung sozialer Unterstützung und persönlicher Netzwerke. In: Angermeyer, Matthias C., Klusmann, Dietrich (Hrsg.): Soziales Netzwerk: Ein Konzept für die Psychiatrie. Berlin: Springer Verlag

Lencker, Theodor (o.J.): Juristische Aspekte im Umgang mit der Sexualität behinderter Menschen In: Färber, Hans-Peter/ Lipps, Wolfgang/ Seyfarth, Thomas (2000): Sexualität und Behinderung. Umgang mit einem Tabu. 2. Auflage. Tübingen: Attempto Verlag

Lenz, Albert/ Riesberg, Ulla/ Rothenberg, Birgit/ Sprung, Christiane (2010): Familie leben trotz intellektueller Beeinträchtigung. Begleitete Elternschaft in der Praxis. Freiburg im Breisgau: Lambertus Verlag

Llewellyn, Gwynnyth/ McConnell, David/ Bye, Rosalind (1995): Parents with Intellectual Disability. Support and Services required by Parents with Intellectual Disability. Report to the Disability Services Sub-Committee Sydney: University of Sydney

Peters, Freia (2006): In Sachen Kutzner. In: Axel Springer AG: Welt Online. In: http://www.welt.de/vermischtes/article701223/In-Sachen-Kutzner.html (Letzter Zugriff: 30.06.2012; 14:00 Uhr)

Pixa-Kettner, Ursula (o.J.): Zur Normalität der Elternschaft von Menschen mit Lernschwierigkeiten. In: Dobslaw, Gudrun/ Meir, Stefan (2010) (Hrsg.): Kinderwunsch und Elternschaft von Menschen mit geistiger Behinderung. Dokumentation der Arbeitstagung der DGSGB am 04.12.2009 in Kassel. Band 22. Berlin: Eigenverlag der DGSGB

Pixa-Kettner, Ursula (2008) (Hrsg.): Tabu oder Normalität? Eltern mit geistiger Behinderung und ihre Kinder. 2. Auflage. Heidelberg: Universitätsverlag Winter GmbH

Prangenberg, Magnus (o.J.): Erwachsene Kinder von Menschen mit geistiger Behinderung. In: Pixa-Kettner, Ursula (2008) (Hrsg.): Tabu oder Normalität? Eltern mit geistiger Behinderung und ihre Kinder. 2. Auflage. Heidelberg: Universitätsverlag Winter GmbH

Prangenberg, Magnus (2003): Zur Lebenssituation von Kindern, deren Eltern als geistig behindert gelten. Eine Exploration der Lebens- und Entwicklungsrealität anhand biografischer Interviews und der Erörterung der internationalen Fachliteratur. In: http://elib.suub.uni-bremen.de/publications/dissertations/E-Diss831_prangenberg.pdf (Letzter Zugriff: 01.07.2012; 13:10 Uhr)

Röh, Dieter (2009): Soziale Arbeit in der Behindertenhilfe. München, Basel: Ernst Reinhardt Verlag

Rohmann, Kadidja (o.J.): Die Problematik der Fremdunterbringung von Kindern geistig behinderter Eltern – Ergebnisse einer schriftlichen Befragung. In: Pixa-Kettner, Ursula (2008) (Hrsg.): Tabu oder Normalität? Eltern mit geistiger Behinderung und ihre Kinder. 2. Auflage. Heidelberg: Universitätsverlag Winter GmbH

Sanders, Dietke (o.J.): Risiko- und Schutzfaktoren im Leben der Kinder von Eltern mit geistiger Behinderung. In: Pixa-Kettner, Ursula (2008) (Hrsg.): Tabu oder Normalität? Eltern mit geistiger Behinderung und ihre Kinder. 2. Auflage. Heidelberg: Universitätsverlag Winter GmbH

Schneider, Petra (o.J.): *"Bin ich auch froh, wenn ich so Hilfe habe."* - Unterstützungsnetzwerke von Eltern mit Lernschwierigkeiten unter Einbezug der Sicht einer betroffenen Mutter. In: Pixa-Kettner, Ursula (2008) (Hrsg.): Tabu oder Normalität? Eltern mit geistiger Behinderung und ihre Kinder. 2. Auflage. Heidelberg: Universitätsverlag Winter GmbH

Sieloff, Detlef (2012): Mehr Rechte für ledige Väter. Leichterer Zugang zur gemeinsamen elterlichen Sorge, wenn es dem Kindeswohl nicht zuwiderläuft. In: Hessische/Niedersächsische Allgemeine (HNA). HNA-NO-HP-S:17 - V1. Donnerstag, 05. Juli 2012

Specht, Ralf (o.J.): Sexualität und Behinderung. In: Schmidt, Renate-Berenike/ Sielert, Uwe (2008) (Hrsg.): Handbuch Sexualpädagogik und sexuelle Bildung. Weinheim: Juventa-Verlag

Vlasak, Annette (o.J.)a: Rechtliche Fragen im Zusammenhang der Elternschaft von Menschen mit geistiger Behinderung. In: Pixa-Kettner, Ursula (2008) (Hrsg.): Tabu oder Normalität? Eltern mit geistiger Behinderung und ihre Kinder. 2. Auflage. Heidelberg: Universitätsverlag Winter GmbH

Vlasak, Annette (o.J.)b: (Sorge)Rechtliche Fragen bei Eltern mit geistiger Behinderung. In: Dobslaw, Gudrun/ Meir, Stefan (2010) (Hrsg.): Kinderwunsch und Elternschaft von Menschen mit geistiger Behinderung. Dokumentation der Arbeitstagung der DGSGB am 04.12.2009 in Kassel. Band 22. Berlin: Eigenverlag der DGSGB

Vlasak, Annette (2003): Garantenpflicht. Synopsis der Texte zur Garantenpflicht und Garantenstellung. In: http://www.familienprojekt.net/?seitenname=garantenpflicht (Letzter Zugriff: 25.06.2012, 16:50 Uhr)

Walter, Joachim (1996): Pubertätsprobleme bei Jugendlichen mit geistiger Behinderung. In: Walter, Joachim (1996) (Hrsg.): Sexualität und geistige Behinderung. Heidelberg: Universitätsverlag Winter GmbH

9 Anhang

A1......Broschürenauszug aus:

http://www.cornelsen.de/bgd/97/83/06/45/03/04/5/9783064503045_x1SE_096_101.pdf

Lightning Source UK Ltd.
Milton Keynes UK
UKHW010631190320
360601UK00001B/247